Cristóvão Colombo

DIÁRIOS DA DESCOBERTA DA AMÉRICA

As quatro viagens e o testamento

Tradução de Milton Persson
Introdução de Marcos Faerman
Notas de Eduardo Bueno

www.lpm.com.br

L&PM POCKET

Coleção **L&PM** POCKET, vol. 128

Texto de acordo com a nova ortografia.
Publicado em formato 14x21 pela L&PM Editores, na coleção L&PM/
 História, em junho de 1984.

Primeira edição na Coleção **L&PM** POCKET: setembro de 1998
Esta reimpressão: abril de 2024

Tradução: Milton Persson
Revisão: Delza Menin e Flávio Dotti Cesa
Capa: L&PM Editores

ISBN 978-85-254-0938-6

C718d   Colombo, Cristóvão, 1450-1506
        Diários da descoberta da América: as quatro viagens e o
   testamento / Cristóvão Colombo; tradução de Milton
   Persson. – Porto Alegre: L&PM, 2024.
        192 p.; il.; 18cm. – (Coleção L&PM POCKET; v.128)

   I.América-História. I.Título. II.Série.

	CDD	970
		980
	CDU	970/980:910.4(091)
		910.4(091):970/980

Catalogação elaborada por Izabel A. Merlo, CRB 10/329.

As gravuras reproduzidas neste livro são de autoria de E. Méaulle e foram
publicadas no volume *Cristophe Colomb,* de M. Ricard, Paris, Alfred Mame
et Fils, Éditeurs, 1898.

© L&PM Editores, 1998

Todos os direitos desta edição reservados a L&PM Editores
Rua Comendador Coruja 314, loja 9 – Floresta – 90.220-180
Porto Alegre – RS – Brasil / Fone: 51.3225.5777

Pedidos & Depto. Comercial: vendas@lpm.com.br
Fale conosco: info@lpm.com.br
www.lpm.com.br

Impresso no Brasil
Outono de 2024

Para numerosos viajantes, o cenário americano estava repleto de misteriosas e inegáveis possibilidades. Ali, o milagre parecia novamente incorporado à natureza: uma natureza ainda cheia de graça matinal, em perfeita harmonia e correspondência com o Criador. O próprio Colombo, sem dissuadir-se de que atingira pelo Ocidente as partes do Oriente, julgou-se em otro mundo *ao avistar as costas verdejantes da América, onde tudo lhe dizia estar a caminho do verdadeiro Paraíso Terreal.*

As mesmas imagens bíblicas, reafirmadas pelos cosmógrafos mais acreditados da época, acharia Colombo em seu desembarque nas Antilhas: terras de fertilidade inaudita, árvores de copas altíssimas, fragrantes e carregadas de frutas, a eterna primavera musicada pela alegria dos cantares de pássaros de mil cores...

SÉRGIO BUARQUE DE HOLANDA

Sumário

Introdução / 7

Apresentação / 25

A primeira viagem / 27

A segunda viagem / 119

A terceira viagem / 137

A quarta viagem / 157

O testamento / 169

Cronologia da vida e da época de Cristóvão
   Colombo / 185

Bibliografia / 189

INTRODUÇÃO

Aventuras e visões de um velho marinheiro

> *"Fundarei um novo céu e uma nova terra,
> e não mais se pensará no que era antes."*
>
> Isaías

Os marinheiros estavam inquietos com este almirante que os levava para terras desconhecidas. A certa altura da viagem, ensaiariam a revolta. Seria este senhor, *Cristóvão Colombo*, homem de confiança? Não ouviram dizer que tantos sacerdotes e homens da corte o tinham como louco? O almirante era silencioso. Parecia mais interessado em sonhar com as terras descritas por outro aventureiro, um tal Marco Polo. Que promessas de riquezas poderiam conforter os marujos espanhóis, em tal aventura?

O almirante não apreciava muito a sua embarcação, a *Santa Maria*. Ele a tinha por navio pesado; como escaparia num baixio? Navegador desde criança, Cristóvão Colombo andara até por mares gelados, acima da Inglaterra, e pelas costas opostas, na África. Preferia estar nas outras caravelas da expedição, a *Niña* ou a *Pinta*. Mas se devia conformar com o seu próprio barco, de propriedade de Juan de La Cosa, morador das vizinhanças de Palos, de onde partiam. Os proprietários de navios de Palos ficaram aborrecidos com as ordens reais de fornecer embarcações para a estranha viagem deste almirante ali desconhecido. Era negócio sem garantias. Temia-se a perda de dinheiro e de vidas. Os ventos só mudariam quando a família Pinzón aprovou a estranha expedição. O próprio e honrado Martín Pinzón iria no comando da *Pinta*. Ah, se o senhor Pinzón aceitava tal viagem, era bom sinal – pensavam os moradores de Palos. Os espertos Pinzón, por sua vez, pensavam em todos os prêmios mirabolantes propostos por suas altezas católicas. Dinheiro e glória: por que não apostar?

Os pilotos das três caravelas tinham opiniões diferentes sobre o lugar em que se achavam, já no quinto dia de viagem – 8 de agosto de 1492. Mas o almirante era de palavras fortes. Queria ganhar as ilhas Canárias, para aí deixar a caravela *Pinta*, que fazia água. Além do mais, desde o começo da viagem, percebia que as coisas não iriam bem com Martín Pinzón. Ele, Cristóvão Colombo, sonhara toda a vida com a descoberta de um novo mundo em nosso mundo. Desenhou mapas para viver, nos seus tempos em Portugal; leu muitas narrativas de viagens, nas bibliotecas dos conventos; ouvia nas tavernas os marujos falando dos mais remotos pontos do mundo – e chegara a ver o mar dos gelos; e um dia lhe caiu nos olhos, em uma leitura do Livro Sagrado, uma palavra que mais ouvia do que lia – e era como se o profeta Isaías com ele estivesse falando: "Eu fundarei um novo céu e uma nova terra e não mais se pensará no que era antes". Era o sonho de sua vida esta nova terra, e aquele Pinzón queria roubar o seu sonho.

Os homens tinham medo. Estes ventos não os estariam levando aos monstros das lendas do mar? Nem vinte dias de viagem e uma coisa tão estranha aconteceu. Das montanhas da ilha de Tenerife, muito elevadas, eles viram surgir o grande fogo. Isto escreveria depois o almirante em seu *Diário de Bordo*. Os homens ficaram espantados. O almirante falou com calma. Não sabiam que semelhante fogo existia no monte Etna, na Sicília, e em outras montanhas? Os marujos silenciaram. Mas viam no vulcão sinais de muito azar.

Mas, para o almirante, seus planos se cumpriam. Seguindo os ensinamentos do mapa do célebre Toscanelli, seus navios desceram pela costa africana, até as ilhas Canárias, conquistadas a ferro e fogo pela Coroa espanhola, e de lá saltariam para a ilha de Cipango. Era a viagem pelo desconhecido, mas – pensava o almirante – o piloto não devia mais do que conduzir a nave pela mesma latitude, sempre no rumo Oeste. E se os navios atingissem Cipango, não mais de que um salto – e era a terra firme do Cathay, como queriam os relatos de Marco

Polo, o viajante. Mais do que o vulcão de Tenerife o preocupou não encontrar nas ilhas um bom navio para comprar. *Pinta* reparada, últimas provisões a bordo, e depois de alguns dias de tantas ansiedades e rumores – uma esquadra portuguesa, se dizia, poderia bloquear a expedição – e o vento Nordeste bateu nas velas; o pico do Tenerife desapareceu no Este, e só havia água, agora; os navios e o mar; os homens e o mar.

Era um domingo aquele 7 de setembro e o almirante devia advertir seus marujos que conduziam mal a embarcação. Silencioso, apanhou a pena e se pôs diante do *Diário de Bordo*. "Neste dia, eles perderam completamente de vista a terra. Acreditando não revê-la por muito tempo, muitos choravam e suspiravam. O almirante os reconfortou com promessas de muitas terras e riquezas, a fim de que conservassem a esperança e perdessem o medo que eles tinham de tão longo caminho." A viagem se faz longa; o almirante decidiu dela falar com brandura aos seus marujos. Sabia o que o desânimo podia fazer em homens no alto-mar.

A 11 de setembro, avistam o mastro de um grande navio naufragado. Maus presságios. Um cometa atravessa o céu, a 15 de setembro – e cai no mar. O que diziam os céus? Chuvas e neblinas neste dia 16. Tudo era razão para dúvidas. E o que significavam os pássaros vistos da *Niña*, aquelas andorinhas do mar? Mas o domingo, 16, era repousante. O almirante sentia um grande prazer. Sentia falta apenas do canto de rouxinóis. Disse aos homens: "Parece que estamos num abril da Andaluzia". E eram os tufos de ervas muito verdes que davam mais esperança aos marinheiros. Pareciam destacados há pouco da terra. Estariam perto de uma ilha? "Porque, para mim, a terra firme é mais adiante", foi o que o almirante anotou no *Diário*.

Navegavam para o Oeste, e entre dia e noite faziam cinquenta léguas e mais. A corrente os ajudava. E era cada vez mais erva. E ela vinha do poente. Pensavam estar próximos de terra. Os pilotos tomaram o Norte. Mas achavam que as agulhas declinavam. "Os marinheiros estão inquietos e tristes", constatou o almirante. Não diziam por quê. Desde aquela aurora – era o 17 de setembro –, o almirante recomeçava a tomar o Norte. Ora, as agulhas estavam certas. "Por que, então, a estrela Polar parecia mover-se, mas não as agulhas?", indagava-se o comandante. (O meridiano magnético não correspondia ao meridiano astronômico: problema científico impossível de resolver àquela altura desta história e da História. Mas era a bússola ou os astros que mentiam? O que fazer nesta extensão de água?)

Era uma segunda-feira esquisita, de emoções conflitantes. Os marinheiros ficavam atemorizados com os desvãos dos movimentos da bússola e alegres pelas ervas, que pareciam fluviais, e pelas águas, cada vez mais quentes.

Os marinheiros estavam alegres, e os navios eram levados pelo vento célere, e pareciam disputar a glória e o ouro reservado ao primeiro homem que gritasse: "terra". Os homens do *Niña* até caçaram um atum. Cristóvão Colombo viu um pássaro que jamais dormia no mar e esperava que "o Muito Alto, aquele que tem nas mãos todas as vitórias, lhes desse a terra".

Por alguns dias, eram bandos de pássaros, multidões de pássaros passando sobre as caravelas. Os marinheiros sonhavam com a terra; o almirante sonhava com algo além. O tempo era bom; se Deus quisesse, na volta, olhariam estas ilhas. Cristóvão Colombo há tanto tempo pensava em outra coisa, se desentendia de todos. Era um homem estranho de quem mal se sabia onde nascera. Parecia conhecer muitos pensamentos célebres, livros náuticos e de viagens; mas não seria de breves passagens por bibliotecas, ou do tempo em que vendera livros – nascente comércio – para viver? Tudo era obscuro, e nenhum doutor destes da Universidade de Salamanca, a mais célebre, apostaria em sua cultura. Mas tinha nos olhos azuis sinceridade e a voz podia ter a força mística que impressionava a rainha Isabel, a quem procurou na Corte, e para quem falou com paixão de caminhos marítimos novos e de glórias e riquezas possíveis para a Espanha que derrotava os mouros, vivia, com os reis Ferdinando e Isabel, neste delírio, a Inquisição, na qual todos os considerados ímpios podiam ter a tortura ou a fogueira como penas. Os homens viviam entre todas as superstições e terrores e alguns conhecimentos náuticos, científicos; sempre, aqueles albatrozes que vinham pousar, a 20 de setembro, na caravela do almirante podiam dizer, apenas, terra próxima, ou alguma outra espécie de notícia, mística, sinal dos deuses; sorte ou azar.

O almirante ficou feliz quando a *Santa Maria* vagou pelo oeste-norte-oeste; ventos que sopravam para cá, para lá. Em seu *Diário*, anotaria: "Este vento contrário me foi muito necessário, porque meus homens estavam em grande fermentação, pensando que nestes mares não sopravam ventos para voltar à Espanha".

Navegar na direção do poente.
Sempre a oeste.

Os marinheiros entraram em pânico, no dia 24 de setembro, quando viram muitas procelarias. Os homens do mar sabem que estas aves prenunciam tempestades e a morte. Quanto mais os indícios de terra se mostravam vãos, mais os marinheiros murmuravam. Eles se retiraram para o interior dos navios. Eles disseram que o almirante, por seus loucos disparates, se tinha proposto a se tornar grande senhor, à custa de riscos e perigos, e de condená-los a uma morte abandonada. "Porque – e nós estamos lendo, agora, a direta narrativa do almirante – eles já tinham cumprido sua obrigação, tentando a fortuna, e se afastando da terra de todos os socorros mais do que ninguém, nunca; e eles não deviam mais se fazer autores de sua própria ruína, nem seguir este caminho até que o arrependimento se tornasse vão." E a narrativa está cheia de ameaças, vejam, pois os homens começavam a dizer que ninguém poderia condená-los por qualquer coisa que fizessem. "O almirante era um estrangeiro, não gozando de favor algum, tendo sido sempre desaprovado e sua opinião contradita por tantos homens doutos e sábios, e ninguém agora o apoiaria ou defenderia."

"E não faltou quem falasse que toda a discussão devia cessar – isto era o melhor – e que se o almirante não quisesse renunciar ao seu projeto eles podiam jogá-lo ao mar, e proclamar em seguida que ele tinha caído por descuido, querendo olhar as estrelas e seus indícios; que ninguém poderia verificar a verdade do acontecimento e que este era o meio mais seguro para seu retorno e sua salvação."

Cristóvão Colombo escreveu estas linhas com a amarga tranquilidade de quem conseguira convencer mais uma vez os seus adversários. Há muito tempo sua vida era marcada por estes conflitos. Não era fácil para um homem carregar a sua obstinação. Nos tempos de Portugal, tentou – e não teve sucesso – convencer a Coroa de seus planos. Mas foi nos desvãos da corte portuguesa que soube da existência do mapa de Toscanelli – que parecia dar força à sua ideia do mundo, e à possibilidade de chegar às Índias cruzando os mares, por onde o homem jamais passara. Cristóvão Colombo mandou uma carta sugestiva a Toscanelli, que vivia em Florença. Algumas semanas mais tarde, recebia a resposta do sábio, que lhe dizia, brevemente, que considerava "teu nobre e grande desejo de seguir para a terra das especiarias"... Colombo tinha o mapa de Toscanelli – e por uma nova carta o sábio reafirmava que a viagem não seria só possível, mas lhe traria honra, lucros e o reconhecimento da cristandade. Ao mesmo tempo que tinha estas alegrias, decidia ir viver na Espanha. Podiam chamá-lo de louco; o que importava os insultos, se no fim do ano de 1485 sua fé o levava à própria e magnífica rainha Isabel, a maior figura da realeza da época? À rainha ele não falou como aos portugueses, em todos os lucros que ofereciam as relações diretas com o Oriente. Lembrou-se do que lhe dissera Toscanelli: os do Oriente esperavam a unidade com o Ocidente; e o mundo se uniria pela Cruz. A rainha via neste homem alguma coisa que evocava os profetas do Antigo Testamento. Eram os olhos ou as palavras? No *Diário*, que dirigia principalmente à rainha, lembraria que "estava a seu serviço há sete anos". Mas, quando caminhava sozinho, evitava as ruas movimentadas. As ruas solitárias evitavam, para ele, o ar de zombaria dos cortesões que recriminavam nos cochichos o gosto real por um aventureiro que só falava sandices.

Havia uma corrida secreta na expedição pelo oceano entre Cristóvão Colombo e Martín Pinzón – e dos três navios, o mais rápido era o *Pinta*. Uma animação nervosa fazia aquela caravela cada vez mais veloz; desde o dia 18 de setembro, Martin Pinzón insistia nos sinais de terra, que dariam, pela vida, 300 francos-ouro, ao descobridor. Os últimos dias de setembro avançavam, entre a observação minuciosa dos pássaros, dos tipos de peixes, das ervas no mar e de anotações em torno das estrelas e seus movimentos.

E veio outubro, enquanto as caravelas avançavam para oeste, sempre. O mar era bom e nas rezas se agradecia a Deus; no *Diário*, só se registravam banalidades. Era um pássaro branco perto do mastro. Era um rapaz que jogava uma pedra em um albatroz. Eram peixes voadores que tombavam no convés. As caravelas corriam: quem teria primeiro os prêmios reais? Era um domingo, 7 de outubro, e se viu ao poente uma aparência de terra. Ninguém gritava "terra!, terra!", lembrando outros equívocos, que haviam irritado de tal forma ao almirante que ele prescrevera pena de privação da dádiva real a quem desse o alarme falso e a "alegria falsa". Seguiram bandos de pássaros, mudando o rumo da viagem. Estavam ansiosos e céticos. Ouviam o almirante agradecer a Deus "pelo ar doce como o abril de Sevilha e pelo prazer de estar ali, enquanto ele está perfumado". O 10 de outubro tinha os homens confortados pelo almirante, lhes dando a esperança do lucro, diante da viagem enorme. Mas a 11 de outubro "os da caravela *Niña* viram tantos sinais de terra e um ramo de espinheiro carregado de frutos. Eles respiraram e todos se rejubilaram". O sol se pôs e o almirante retomou o caminho para oeste; as caravelas faziam doze milhas a hora. "E como a caravela *Pinta* era o melhor veleiro, foi ela que descobriu a terra e fez os sinais que o almirante havia ordenado." Quem primeiro viu a terra foi um marinheiro chamado Rodrigo de Triana. No meio da noite, podiam ver uma luzinha que aparecia e desaparecia. Na caravela *Pinta*, havia um baile de loucos. Soava um tambor basco, os marinheiros dançavam em torno do grande mastro e Rodrigo de Triana passava de braço em braço, como uma donzela. O capitão Martín Pinzón olhava com orgulho e desprezo para a *Santa Maria*. Estava certo de ter vencido a corrida pelo ouro da Coroa. Só mais tarde ficaria aborrecido, ao saber que da *Santa Maria* as luzes haviam sido avistadas horas antes. Na aurora de 12 de outubro, os barcos desciam ao mar e os marinheiros chegavam a uma areia amarela, onde os aguardavam pássaros e homens nus. Alguns marujos estavam vestidos como soldados, com o colete de couro, mosquetões e arcabuzes. Cristóvão Colombo levava a espada e o estandarte real; vestia-se como grande senhor da corte de Espanha. Enfim, todos desceram, beijaram a terra e oraram. Os índios tinham fugido para uma floresta próxima.

Que surpresa não teriam diante de tais sucessos os inimigos do almirante? Em novembro de 1486, ele foi submetido a um verdadeiro suplício pelos sábios religiosos de Salamanca. Os dominicanos eram o poço do saber da Inquisição e nas cinco horas em que tiveram pela frente Cristóvão Colombo o trataram como se trata o grotesco. Mal reconheceram seus méritos de desenhista de mapas. Quanto ao resto, tinham este senhor Colombo como um falso Messias da geografia, negador de milenar verdade teológica, defensor da ideia de uma terra redonda, à qual a milenar reflexão da Igreja já tinha reduzido ao mais vil dos absurdos. Ou ele entendia que podíamos nós, os homens, ter antípodas, que viveriam do outro lado de uma circunferência, de pernas para o alto e cabeça para baixo? Que o senhor Colombo poupasse a Coroa e a Humanidade de tais bobagens; que abandonasse a ideia de tal viagem – foi isto o que ele ouviu. Mas, para ele, Deus – dizia – reservava um particular papel; não falava o profeta Isaías em novos mundos? E o que tinha diante de si, depois desta viagem pelo mar infinito, não era a terra nova das profecias? Não era o próprio paraíso em terra – este, com estes homens nus mas puros; estas plantas desconhecidas e estes pássaros desconhecidos? E o seu próprio *Diário de Bordo* – documento raro, preservado em parte nos relatos de seu filho Ferdinando, em parte no relato do padre Bartolomeu de las Casas – não se tornaria um livro de encantamentos, acompanhando a primeira de suas quatro expedições pelo que seria chamado mais tarde América?

Buscava ouro, mas escrevia como poeta.

Os homens da terra lhes traziam água e manjares e lhes perguntavam se não tinham vindo do céu. "Venham ver os homens que vieram do céu comer e beber", era o que uns diziam aos outros. Os índios chamavam esta terra de Guanahani; o descobridor a chamou de São Salvador; e Colombo se esmerava nos detalhes na narração a suas altezas, e dizia das cores com que eles pintavam seus corpos, de suas alturas e da forma de seus cabelos, e do que comiam ou bebiam. A viagem se fazia em calma, num mar que os marinheiros adoram, e eles passavam a outras ilhas próximas. Descobria que os índios circulavam por elas em suas canoas, e que não eram agressivos. E os aventureiros não viam cavalos, bois, só papagaios, mas o mar tinha baleias e os "peixes são diferentes dos nossos, e maravilhosos". Aos reis, descrevia peixes coloridos como pássaros: "azuis, amarelos, vermelhos; de todas as cores do mundo". Colombo circulava pelas ilhas e em cada uma via a mais bela do mundo. Partia da ilha Fernandina e entrava no Cabo Belo. "E quando aqui cheguei, veio da terra um perfume tão bom e tão suave das flores ou das árvores que era a coisa mais doce do mundo." Em sua embarcação, levava alguns índios, porque havia um nome bem certo para que o seu sonho fosse o sonho dos reis: ouro. A viagem pelas ilhas passa a ser a caça ao tesouro. Mas sempre tem uma palavra delicada para os cenários que vai percorrendo. É outubro nas ilhas que descobriu; mas sente tudo como se estivesse no abril da Andaluzia. "O canto dos pequenos pássaros é tal que pareceria que jamais passou um homem aqui."

Colombo busca o ouro, mas escreve como um poeta. "Bandos de papagaios escondem o sol. Pássaros e pequenos pássaros de tantas espécies e tão diferentes dos nossos que é maravilha. Árvores de mil tipos, com frutos diversos, e tal perfume, que é maravilha. Fico triste de não conhecê-los: certamente são tão bons." "E ali está uma lagoa, majestade. E ali matam uma serpente enorme; a pele levarão para a Espanha, como tantas coisas destas terras. Passou o outubro e veio o novembro; algum ouro foi achado, muitas cruzes plantadas."

Deslumbramentos. E ele escreverá:

"Bandos de pássaros escondem o sol." O Colombo desta viagem é um poeta e uma criança. Tudo o interroga: que plantas são estas? Que frutos são estes? Numa lagoa, seus homens matam uma enorme serpente. Colombo sorri. Pensa no que dirá a rainha Isabel quando olhar sua pele.

Viagem sem rumo pelas ilhas, atrás das mágicas terras descritas pelo aventureiro Marco Polo. Está convencido de que aqui é a Ásia. Pisa em Cuba. Pensa no Japão. Onde está a Índia, dos elefantes suntuosos, dos marajás vestidos em veludos? Os olhos universais do navegador olham as montanhas de Cuba; ele evoca a Sicília. Cuba o confunde: não seria, na verdade, o continente que buscava – a terra do Grande Cã?

Ele olha tudo com os olhos de Marco Polo e com o mapa de Toscanelli: como colar a realidade ao sonho ou aquilo que entendia como Ciência? O outro conflito é que Colombo também sonha com o ouro e com a cristianização das almas dos habitantes destes lugares. Pode ser o Paraíso. Mas é um Paraíso que ele quer tocar e transformar.

Em fins de novembro, Colombo e Martín Pinzón estão cada vez mais distantes. Pinzón não o obedece como chefe da expedição. Pinzón ouviu as conversas de índios: desespera-se pelo ouro que há – certamente há – oculto naquelas florestas. Pinzón não tinha o sonho de Colombo. O almirante jamais podia esquecer a busca do Grande Cã, a sua utopia. Por isso a *Pinta* desaparece no horizonte este. Os sinais luminosos da *Niña*, que era capitaneada pelo irmão de Martín, Vicente, são inúteis. Mas Colombo continuava girando em torno da costa de Cuba, através do continente asiático. Era 6 de dezembro de 1492, quando ele chegou à ilha de Haiti, que ele chamaria Espanhola. Os índios que estavam na *Santa Maria* diziam ser aquele um lugar de terror. Colombo "conversa" agradavelmente com os índios do lugar – e tem notícias de ouro, perto. Nesta ilha, ele ganhará um amigo e viverá uma desgraça.

Este amigo, o cacique Guacanagari, lhe valerá, na desgraça da noite de Natal. Colombo dormira às onze da noite, acordou com os gritos do grumete que, para infelicidade de todos, tomara o leme e deixara, suavemente, a *Santa Maria* repousar num banco de areia. "Todo mundo na ponte", era o grito de alguns marujos, logo despertos. Os marujos fugiram em chalupas para a *Niña*. Colombo, não: ele tentava salvar o navio. Quem sabe, abater o mastro? Quem sabe, lançar mantimentos ao mar? Mas a *Santa Maria* estava condenada. Uma imponente flotilha de pirogas do cacique Guacanagari flutuou no oceano e transportou tudo o que o almirante branco quis para um ponto seguro.

O cacique gostou tanto – naquela hora – de Colombo, que o cobriu de ouro e de esperanças de mais ouro. Ali, os espanhóis instalariam um forte, com guarnição de 39 homens; partiriam no janeiro, e os homens ali ficariam, confiados na força de suas armas, na ideia que os índios deles faziam, como seres vindos dos céus, e na amizade do cacique branco e do índio. Mas quando Colombo voltou à Navidad, um ano depois – em outra viagem às terras que supunha do Oriente –, encontrou estranhos cadáveres de homens barbudos, que eram eles, os seus marujos. O forte estava abandonado. O cacique já não era tão seu amigo e não parecia de todo indiferente àquelas mortes. Uns pobres marujos viviam no mato, como índios, com muitas índias ao seu redor. Febres tropicais mataram os marujos; e mais as lutas entre si, pelas índias ou pelo ouro; e mais as flechas dos índios. Aquilo arrasou o almirante.

Mas nós estávamos ainda na primeira viagem. O ouro do Haiti compensava a perda da *Santa Maria*. E a distância da *Pinta* era um mal, mas não irreversível. É ainda janeiro quando os dois navios se encontram casualmente, numa quebrada do mar do Haiti. Martín Pinzón protesta inocência. Fatalidades o afastaram de Colombo, não más intenções. Colombo é duro. Em seu próprio *Diário* falará com raiva e amargura deste Martín Pinzón, pouco a pouco um derrotado.

A *Pinta* faz água; as avarias do navio e do comandante tiram o ímpeto de viajar sozinho, neste retorno que se arrasta pelo janeiro. Sinais luminosos aproximam os dois barcos no meio do oceano. Terrível tempestade assalta a *Niña*, a mais frágil; Colombo fala de homem em homem, como um místico – aquele que sonhava com guerras por Jerusalém e que plantara tantas cruzes num mundo desconhecido. Rezaria, como um alucinado, e atribuiria a esta fé não ter sido sua embarcação tragada pelo mar. Martín Pinzón morreria poucos dias depois do retorno à Espanha – desconsiderado, enfraquecido pelas durezas da viagem. A própria glória de Cristóvão Colombo era, para ele, um sofrimento.

Palos recebeu com alegria a *Niña*, a 14 de março de 1493 – naquela viagem que começara a 3 de agosto do ano anterior. Um navio se perdera. Nenhum homem, porém, havia morrido – só um dos sete índios morreu, nas vicissitudes do mar. O corpo marrom do índio, o cabelo longo, o ornamento das plumas dos pássaros, as cores violentas em sua pele, ornamentos no nariz e nas orelhas; tudo isto não era incrível, pelo inédito? E havia o ouro, as riquezas e os relatos infatigáveis que Cristóvão Colombo fazia à rainha ou ao rei, ao lado do qual cavalgava. A rainha se encantava com as longas sessões de leituras do seu almirante – e com os projetos de novas viagens.

Foi a hora mais feliz de Colombo. Pouco importa: eram as terras de sua utopia, as descobertas? Era a nova rota das Índias? Tudo o que o almirante obstinado apresentava era real demais para ser discutido ou negado. Pela primeira vez, a Espanha parecia poder equilibrar a expansão marítima de Portugal. Colombo ganhou tudo o que seu contrato – que desesperara alguns padres – previa: era o vice-rei das terras descobertas, tinha direito a enorme dízimo sobre as riquezas; seus filhos Diego e Ferdinando se faziam herdeiros de privilégios – e já eram figuras da Corte. Era como se o gênio de uma lâmpada maravilhosa, das histórias de Marco Polo, tivesse eleito um marujo para o destino da maior glória e fortuna. Era tudo mentira.

Colombo tinha ido longe demais. Os últimos dez anos de sua vida parecem um destes destinos excessivos, em que os acontecimentos são todos improváveis e radicais. Teria sido tudo tão fácil se apenas tivesse cumprido aquele que parecia ser o seu destino: achar uma nova rota para um mundo estranho, mas conhecido, ao menos nas lendas. Mas ele descobrira um mundo, parece, que lhe dava muito mais poder do que qualquer rei sonhara delegar a qualquer súdito. Mas quem era este Colombo, nem nobre, nem espanhol? Era um sábio ou um místico? Era um filho da fortuna ou do mais terrível fracasso?

Porque ele partiu para novas viagens, em busca do Grande Cã, sempre na mesma rota. Mas em cada uma destas jornadas, o mundo e o seu próprio mundo se modificavam brutalmente. De que adiantava a imponência dos mil e quinhentos homens com que deixa Cádiz, na segunda viagem, a 25 de setembro de 1493, se deveria sonhar, mais tarde, com as glórias dos três miseráveis barcos da primeira?

O próprio mistério do mar era menor. Já não era um universo de fantasmas e abismos. Já era tão claro que a terra era redonda. Nobres e malfeitores, toda a sorte de aventureiros se lançava em direção às novas terras da Espanha. Os primeiros viajantes sentiam na pele a condição de condenados à morte. Partiram tristes – desesperados – naquela viagem de 1492. Agora, era a loucura: atrás do oceano estavam o ouro, as riquezas, as terras férteis.

Talvez o destino de Colombo tenha começado a mudar quando, na rota pelas ilhas da segunda viagem, descobrem (é novembro de 1493) atrás de umas moitas, junto a um rio, dois cadáveres, um deles com espessa barba. O pior dos pressentimentos se confirmou quando percorreram doze milhas e descobriram o lugar em que naufragara a *Santa Maria*. Nada restava da aparentemente sólida Navidad. Esta terra estaria destinada a devorar os aventureiros que a ela chegavam?

Morreu desamparado. A glória chegaria séculos mais tarde.

Colombo continuava buscando Cathay; onde estava a terra de tetos dourados descrita por Marco Polo? E a residência do Grande Cã, que escrevia cartas aos reis da Europa? Navegou pela Jamaica; passou pelo labirinto de rochedos de coral, de ilhotas e bancos de areia das vastas extensões da costa meridional de Cuba. E Cathay?

Ele não conseguia separar suas viagens das viagens reais ou imaginárias de Marco Polo. O volume real da terra lhe era desconhecido; e os mapas podem significar pouca coisa. A perigosa costa cubana lhe impedia a descoberta de que aquela era uma ilha. As suas obsessões o maltratavam – e o levavam cada vez mais adiante. Cada um dos seus oitenta homens teve de assinar uma declaração, segundo a qual estavam convencidos de que Cuba era parte do continente asiático. Era a província de Magon ou Mangir? Só isto não podiam saber.

Colombo, às vezes, imaginava que descobrira o paraíso em terra de alguns textos teológicos. Mas já nesta viagem começa a descobrir que os índios não foram feitos só para a submissão. Os comandantes das pequenas instalações espanholas buscam o ouro – e agem como brutos. Surgem conflitos entre os próprios espanhóis sobre como tratar os índios; e entre estes espanhóis estão dois irmãos de Colombo, Bartolomeu e Diego. A hospitalidade generosa dos índios os faz fornecer muito alimento aos viajantes; mas seus víveres passam a não mais dar para a sobrevivência de uns ou de outros. O cenário das fantasias da chegada às novas terras ganha novos tons. Os filhos dos céus passam a ser odiados, porque são insaciáveis; querem sempre mais ouro e desejam a mais absoluta transformação dos nativos. Que virem operários a seu serviço ou sofram castigos. Nos primeiros anos da nova era, já se dão as batalhas entre legiões de índios e espanhóis; a escravidão e a pilhagem sistemática se repetem. O paraíso não existe mais.

Há uma frase terrível e verdadeira de um dos biógrafos do descobridor: "Ele se tornou escravo de sua própria empresa".

Só muito ouro poderia compensar o caos que se instala nas novas terras da Espanha. Os índios são dominados pelo fogo; mas quem garante a subsistência dos dominadores? Só o ouro pode subsidiar novas expedições do descobridor. Mas onde ficava a utopia? Onde estava o paraíso? A Espanha vivia num ciclo, em que a vida valia pouco (era a Inquisição). De 1481 a 1498, o Grande Inquisidor Torquemada faz queimar 8.800 pagãos e hereges; Colombo louva, em seu *Diário*, a Inquisição. Mas esta era a sua época; e, pela sua cabeça e pela de tantos espanhóis, é por estas vias que se dá a evangelização. Não fora o próprio Colombo piloto de navios negreiros portugueses? Habituado à escravidão dos negros, como tantos europeus, não podia prever que os índios sucumbissem e morressem, escravos. Os índios não são mais recebidos em festas pela Corte. São inimigos, pagãos, hereges, mão de obra. São uma imensa dúvida que perturba a vida da Corte e da Igreja. Quem são eles, afinal? Para impedir o tráfico de índios, a rainha Isabel termina, em 1503, permitindo a sua utilização no trabalho forçado das colônias. Os índios que Colombo tanto admira, que o fascinam nas narrativas do *Diário* da primeira viagem, agora são muito pouco, nada; infelizes que se caçam pelos confins das ilhas.

Não há entusiasmo no retorno da segunda viagem. Nem os ornamentos nem o ouro animavam ninguém. Nem os índios criavam admirações. Nem as narrativas de Colombo tinham ouvintes. Ele não se veste como um vice-rei; mais parece um franciscano. Os três navios da terceira viagem levam uma tripulação de infelizes. São prisioneiros libertados, que com ele seguem nesta tropa de 350 homens – e não mais soldados ou artesãos. O seu próprio *Diário* da terceira expedição tem um tom delirante. Ele fala como um profeta, mas é um homem quase desfalecido. Pensa no paraíso, mas encontra o inferno no estabelecimento de Espanhola, ferido por um irmão. Nas confusões da colônia, terminará preso, vivendo entre assassinos sobre um monte de feno, sempre a escrever cartas à rainha, em que fala de uma voz que sempre sussurra em seus ouvidos (a voz de Deus). Retornará, desta vez, no porão de um navio, acorrentado, e era 25 de novembro de 1500.

Um sentimento de culpa e vergonha pesa sobre a Espanha. Na intimidade da Coroa, há recriminações. Por que deram poder absoluto sobre as terras descobertas ao nobre Bobadilha – através de texto tão obscuro que permitia todos os desmandos? Era preciso liquidar o incidente que envergonhava toda a Espanha diante da Europa. Um correio real seguiu para Cádiz, onde Colombo estava preso nas dependências do Tribunal. A rainha era piedosa. Manda dois mil ducados para o seu navegador. E o convida para um encontro em Sevilha. A 17 de dezembro, ele está novamente diante dos seus protetores.

Mas não é o Colombo apaixonado pelas narrativas de viagens. Não é o sonhador do Novo Mundo ou dos mundos de Marco Polo. Não é ninguém parecido do Colombo que tinha quarenta anos quando começara estas peripécias; aos cinquenta, parece tão mal – pensam todos os que o veem. O rei e a rainha correram, na hora em que Cristóvão Colombo caiu, sangrando diante do trono, no ato sagrado da genuflexão – e o levaram a uma cadeira. A rainha começou a chorar.

Colombo recuperou os sentidos. Contou dos desmandos do enviado da Coroa, nas terras novas. Recebeu a promessa de que o imbecil seria destituído de seus poderes. E se retirou para uma residência de Sevilha. Lá vivia, segundo escreveu a amigos, "sem dinheiro e sem crédito". E passou a esperar (não era o que tinha feito a vida inteira). Um dia, ele foi chamado novamente à presença dos seus senhores. Deveria voltar às suas terras, além. Para a rainha, Colombo estava de posse de todas as suas honras. Para o rei, Colombo era um entrave. No fundo, por documentos intocáveis na teoria, ele era quase o dono do monopólio das viagens para aquelas regiões. Mas muitos já tinham para lá seguido. As terras estavam liberadas. Para que valia, então, Cristóvão Colombo?

Além do mais, era preciso ter paciência para ouvir aquele homem envelhecido precocemente falar sobre viagens e a incrível expedição que faria sobre Jerusalém, com o ouro arrancado das novas regiões. Ganhava-se tempo, então.

Adiava-se a sua nova viagem. Tolerava-se a sua tagarelice sobre a sombra de Satã prejudicando os seus planos. E ele estava tão convencido de que o mundo não duraria mais do que 150 anos!

Começou a escrever um *Livro das Profecias* em que os cantos mais sombrios das teologias e das Santas Escrituras iluminavam a sua teoria do fim do mundo, comprovada pelas experiências de suas jornadas marítimas. A única tarefa urgente era unir todo o mundo sob a sombra da Cruz. E é isto o que escreve em testamento precoce aos seus herdeiros; cristianizem o mundo, por qualquer tipo de esforço, ou o fogo os devorará. A Espanha de 1502 precisa de todos os seus navegantes para manter o controle daquela parte do mundo. Trinta caravelas são entregues a Ovando; não restam a Colombo mais do que quatro, miseráveis, de cinquenta a setenta toneladas. Mas nelas parte com as garantias absolutas de que segue como o vice-rei.

Não é pela humildade das caravelas que esta viagem deixa de ser a mais fantástica – pelo que viu e pelo que se deduziu. Atinge a costa da América Central, no cabo das Honduras, margeia a Nicarágua e a Costa Rica, ultrapassa a região em que se encontra hoje o Canal do Panamá, à procura de uma passagem. Os índios lhe dão notícias de outro mar – e é a primeira vez que fala do oceano Pacífico. Os índios lhe falam de uma grande civilização próxima – e, para ele, o que deve ser um dos impérios de astecas ou maias passa a ser a comprovação de que iria, enfim, tocar o reinado do Grande Cã.

Mas foi a mais terrível das viagens, também, as três caravelas batidas por fortes chuvas, tempestades, "sessenta dias sem ver o sol ou as estrelas", ocultos em portos inseguros – Colombo sofrendo por estar, desta vez, com seu filho Diego, de treze anos, sentindo-se quase à morte. O mar era mau e os índios assaltavam a embarcação – e a odisseia passa por um naufrágio, à espera de um socorro improvável – até que a 7 de novembro de 1504 ele retorna. Mas ninguém o espera. A sua maior amiga é a rainha – e ela morre três semanas depois. Era evidente que o grande mundo da Espanha detestava este "vice-rei" por acaso. A custos, conseguiu autorização da Igreja para tomar uma mula – privilégio dos sacerdotes – e se arrastar de Sevilha a Segóvia, onde o rei o recebeu. A angústia de Colombo era a gota que o imobilizava e o desprezo do mundo. Poucas pessoas repararam na sua morte, a 21 de maio de 1506. Tudo era absolutamente obscuro. Era apenas um marinheiro que desaparecia em Valladolid – assim como desapareceu quase tudo o que escreveu, menos seu *Diário de Bordo*.

Ele morreu, mas continuou viajando: seu corpo passou de um cemitério de Valladolid a uma igreja de Sevilha; depois se foi para São Domingos – atravessando os mares, como ele queria –, e de São Domingos seguiu para Havana, até o retorno à Espanha, em 1795, onde o imobilizariam na Catedral de Sevilha, para sempre.

Marcos Faerman

APRESENTAÇÃO

Algo mais que um
relato de viagem...

"... descrever cada noite o que suceder durante o dia, e de dia o que navegar durante a noite, tenho a intenção de traçar nova carta de navegação...", insere o próprio Colombo no início de seu *Diário,* anunciando assim que esse será mais um dos vários relatos marítimos escritos em plena viagem, dos quais, entretanto, se destaca pelas extraordinárias e inesperadas consequências que dela se derivaram, lançando o mundo na Idade Moderna.

Esta obra do almirante genial não esclarece as discussões suscitadas sobre o local de seu nascimento; nem nos leva a uma evidência palpável sobre quem estava com a razão nos turbulentos pleitos levantados em torno de sua figura, de tão funestos resultados para ele, pois acabaram por arrastá-lo à humilhação e, finalmente, à morte na pobreza. A única coisa que este *Diário* mostra é o talento e a personalidade de um homem singular, apesar da objetividade premeditada com que está composto, que induz o autor a anular-se como participante da ação, aparecendo como mero observador onipotente dos fatos e referindo-se a si mesmo como a um personagem a mais.

Não se sabe com exatidão se Cristóvão Colombo foi genovês nem se a sua imprudente administração nas colônias teria sido a verdadeira causa daqueles pleitos... Mas que importância têm esses detalhes tão banais? Por trás do grande descobrimento do Novo Mundo estava um homem e é esse homem que vamos encontrar aqui, apesar dos erros e das maledicências.

As linhas deste *Diário* foram escritas pelo mesmo homem que empunhou o leme da *Santa Maria*. Trata-se de um documento valiosíssimo, com que gostariam de contar os biógrafos de tão grandes personagens. Passemos, pois, a conhecer o *homem* Cristóvão Colombo, nascido em 1451 e falecido em 1506, tarimbadíssimo marujo e cartógrafo, Almirante do Mar Oceano e Vice-Rei das Índias, severamente julgado por seus contemporâneos e hoje elevado à eminência dos descobrimentos geográficos; admirado pela vontade férrea, pela coragem na luta contra a incompreensão, pelo talento e nobre resignação na desgraça: triste época em que só se preocupou em salvar a dignidade e o próprio nome.

A Primeira Viagem
(1492-93)

In nomine D. N. Jesu Christi

Porque, cristianíssimos e mui augustos, excelentes e poderosos soberanos, Rei e Rainha das Espanhas e das ilhas do mar, Nossos Monarcas, neste presente ano de 1492, depois que Vossas Majestades deram fim à guerra contra os mouros que dominavam a Europa e por terminados os combates na mui grande cidade de Granada, onde neste mesmo ano, aos dois dias do mês de janeiro, por força das armas, assisti ao hasteamento das bandeiras reais de Vossas Majestades na torre de Alfambra[1], fortaleza da referida cidade, e vi o rei mouro sair pelas portas da cidade e beijar as mãos reais de Vossas Majestades e do Príncipe, meu Soberano, e logo naquele mês indicado, pela informação que eu tinha dado a Vossas Majestades sobre as terras da Índia e um príncipe, chamado "Grande Cã"[2], que em nosso idioma significa Rei dos Reis, como muitas vezes ele e seus antecessores mandaram pedir que Roma lhes enviasse doutores versados em nossa santa fé para administrar-lhes os seus ensinamentos e que nunca o Santo Padre os quis atender e que se perdiam tantos povos em crenças idólatras ou acolhendo seitas de perdição, Vossas Majestades, como católicos cristãos e Soberanos devotos da

---

1. Trata-se do imenso castelo mourisco construído sobre uma elevação que domina a cidade, hoje chamado Alhambra. (N.E.)

2. Ao regressarem à Europa, Nicolas e Marco Polo informaram ao Papa que o imperador da Tartária, conhecido como o Grande Cã, pedia que lhe fossem enviados cem teólogos para que assim se iniciasse a conversão dos mongóis. (N.E.)

santa fé cristã, seus incrementadores e inimigos da seita de Maomé e de todas as idolatrias e heresias, pensaram em enviar-me, a mim, Cristóvão Colombo, às mencionadas regiões da Índia para ir ver os ditos príncipes, os povos, as terras e a disposição delas e de tudo e a maneira que se pudesse ater-se para a sua conversão à nossa fé; e ordenaram que eu não fosse por terra ao Oriente, por onde se costuma ir, mas pelo caminho do Ocidente, por onde até hoje não sabemos com segurança se alguém teria passado. Assim que, depois de terem expulso todos os judeus de vossos reinos e domínios[3], no mesmo mês de janeiro mandaram Vossas Majestades que eu me dirigisse, com suficiente frota, às referidas regiões da Índia; e para tanto me concederam grandes mercês e me enobreceram para que daí por diante me intitulasse "Dom" e fosse Almirante-Mor do Mar Oceano, Vice-Rei e Governador perpétuo de todas as ilhas e terra firme que descobrisse e conquistasse, e que doravante se descobrissem e conquistassem no Mar Oceano, e assim procedesse meu filho mais velho e, da mesma forma, de grau em grau para todo o sempre. E saí eu da cidade de Granada aos doze dias do mês de maio do mesmo ano de 1492, em sábado. Vim à vila de Palos, que é porto marítimo, onde equipei três navios[4] bastante aptos para semelhante façanha e parti do citado porto bem abastecido de muitíssimos mantimentos e de uma boa tripulação aos três dias do mês de agosto do ano indicado, numa quinta-feira, meia hora antes de raiar o sol, tomando o rumo das ilhas Canárias de Vossas Majestades, situadas no dito Mar Oceano, para dali seguir a rota e navegar tanto que chegasse às Índias e entregasse a mensagem de Vossas Majestades àqueles príncipes, cumprindo o que assim ordenaram; e para isso pensei em descrever toda

---

3. Os judeus foram expulsos da Espanha por decreto assinado em 30 de março de 1492. O prazo para que abandonassem a Espanha se esgotou em 3 de agosto do mesmo ano. (N.E.)

4. Os três navios eram duas caravelas e uma nau. A nau *Santa Maria*, também chamada *La Gallega*, pertencia ao mestre Juan de la Cosa que acompanhava a viagem, e conduzia o Almirante Colombo. A caravela *Pinta* tinha como capitão Martín Alonso Pinzón, coproprietário do barco junto com Cristóbal Quintero. E a *Niña* era capitaneada por Vicente Yánez Pinzón, irmão de Martín. (N.E.)

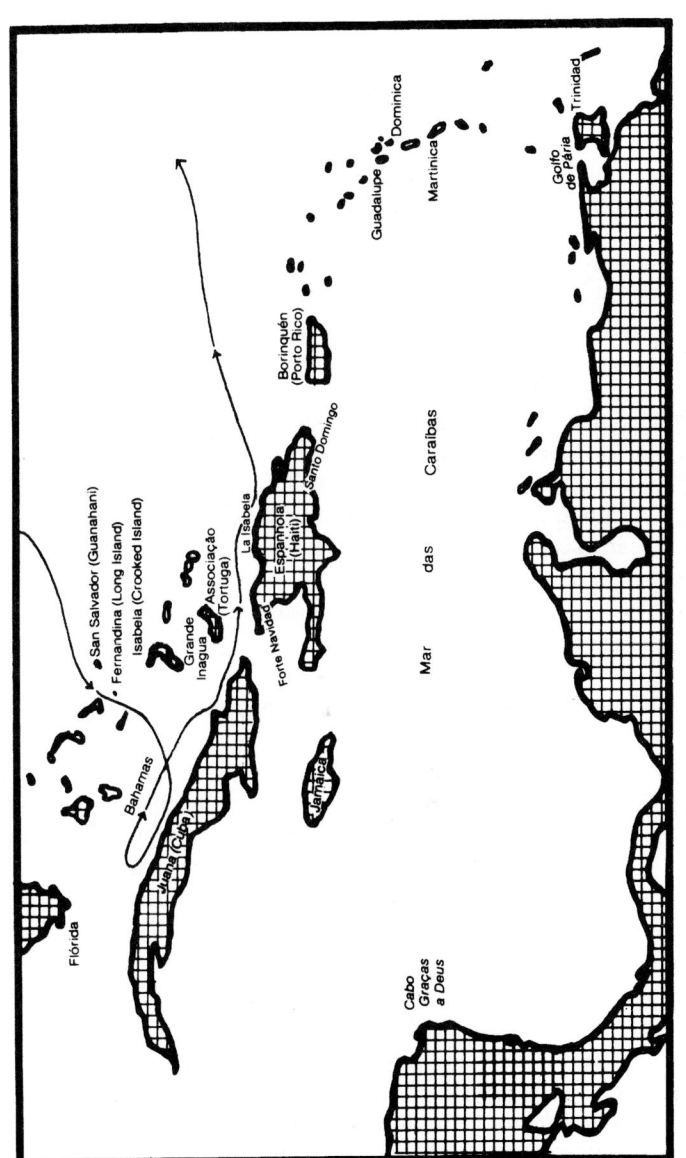

esta viagem mui pontualmente, dia após dia, relatando tudo o que fizesse, visse e acontecesse, como adiante se verá. Também, Senhores Monarcas, além de descrever cada noite o que suceder durante o dia, e de dia o que navegar durante a noite, tenho a intenção de traçar nova carta de navegação, na qual colocarei todo o mar e terras do Mar Oceano em seus devidos lugares, sob os respectivos ventos, e ainda mais, de compor um livro e estabelecer toda a analogia em pintura, por latitude do equinócio e longitude do Ocidente; e sobretudo cumpre muito que esqueça o sono e me empenhe em navegar, porque assim é preciso, o que me dará grande trabalho.

Sexta-feira, 3 de agosto. – Partimos quinta-feira, aos 3 dias de agosto de 1492, da barra de Saltes, às oito horas. Avançamos umas sessenta milhas, com grande exaltação até o pôr do sol, em direção ao sul, o que vem a dar quinze léguas; depois a sudoeste e, ao sul, quarta do sudoeste, que era o caminho para as Canárias.

Sábado, 4 de agosto. – Avançamos, a sudoeste, quarta do sul.

Domingo, 5 de agosto. – Avançamos, sempre na rota, entre dia e noite, mais de quarenta léguas.

Segunda-feira, 6 de agosto. – Quebrou-se ou despregou-se o leme da caravela *Pinta*, que levava Martín Alonso Pinzón, o que se acreditou ou desconfiou ter sido obra de um certo Gomes Rascón e Cristóbal Quintero, a quem pertencia a caravela, porque lhe causava mágoa vê-la seguir nessa viagem; e diz o almirante que, antes da partida, haviam achado escondidos, à socapa, como se diz, os ditos cujos. Viu-se aí o Almirante presa de grande perturbação por não poder ajudar essa caravela sem expor-se a perigos e disse que lhe causava pena, pois sabia que Martín Alonso Pinzón era pessoa esforçada e de grande habilidade. No fim percorreram, entre dia e noite, vinte e nove léguas.

Terça, 7 de agosto. – Quebrou-se de novo o leme da *Pinta* e, depois de consertado, prosseguiram no rumo da ilha Lanzarote, que é uma das Canárias, e percorreram, entre dia e noite, vinte e cinco léguas.

Quarta, 8 de agosto. – Houve, entre os pilotos das caravelas, opiniões divergentes a respeito do lugar onde se encontravam, e o Almirante chegou mais perto da verdade; e gostaria de ir até à Grande Canária para deixar a caravela *Pinta*, que ia mal provida de leme e vazando água, e também gostaria de trocá-la por outra, se acaso encontrasse. Mas naquele dia não foi possível.

Quinta, 9 de agosto. – Até domingo à noite o Almirante não pôde atracar na Gomera e Martín Alonso ficou naquela costa da Grande Canária por ordem do Almirante, pois não podia navegar. Depois o Almirante atracou na Canária (ou na Tenerife), e consertaram muito bem a *Pinta*, com grande trabalho e esforços do Almirante, de Martín Afonso e dos demais; e por fim vieram para a Gomera. Avistaram as chamas de um vasto incêndio na serra da ilha de Tenerife, que impressiona pela imponência e altitude. Fizeram a *Pinta* redonda, por ter vela triangular; regressou à Gomera no domingo, 2 de setembro, com a *Pinta* consertada. Finalmente, o Almirante içou velas na referida ilha da Gomera com suas três caravelas na quinta-feira, aos 6 dias de setembro.

Quinta, 6 de setembro. – Partiu nesse dia de manhã do porto da Gomera e descreveu uma volta para prosseguir em sua viagem. E soube o Almirante, de uma caravela que vinha da ilha de Ferro, que por ali andavam três outras, portuguesas, para capturá-lo: a causa provável seria a inveja de El-Rei por ele ter ido para Castela. E enfrentou calmaria durante todo o dia e noite, e na manhã seguinte verificou que estava entre Gomera e Tenerife.

Sexta, 7 de setembro. – Toda a sexta-feira e o sábado, até às três horas da madrugada, ficou em calmaria.

Sábado, 8 de setembro. – Às três da madrugada de sábado começou a ventar do nordeste, e retomou seu rumo a caminho do oeste. Encontrou muito mar pela proa, o que estorvava imensamente a manutenção da rota; e nesse dia percorreria nove léguas, incluindo a noite.

Domingo, 9 de setembro. – Percorreu, nesse dia, dezenove léguas, e resolveu contar as que percorria, para que, se a viagem fosse longa, não se espantasse nem se estarrecesse ninguém. De noite percorreu cento e vinte milhas, o que equivale a trinta léguas[5]. Os marinheiros estavam pilotando mal, desviando-se para a quarta de nordeste, e ainda em meia partida: por isso o Almirante muitas vezes chamou-lhes a atenção.

Segunda, 10 de setembro. – Entre o dia e a noite, percorreu sessenta léguas, a dez milhas por hora, o que vem a dar duas léguas e meia; mas só registrava quarenta e oito, para que ninguém se assustasse se a viagem fosse longa[6].

Terça, 11 de setembro. – Nesse dia se mantiveram na rota, que era para o oeste, e percorreram mais de vinte léguas, e viram um grande pedaço do mastro de uma nau, de cento e vinte tonéis, que não puderam recolher. À noite percorreram cerca de vinte léguas, mas registrou apenas dezesseis, pelo motivo já apontado.

---

5. Os Diários de Colombo fazem uso indistinto entre léguas e milhas. É importante ressaltar que a légua empregada por Colombo é aquela que era utilizada pelos marinheiros italianos e equivale a 4 milhas. Por convenção, a milha náutica vale 1.852 metros. (N.E.)

6. A tripulação se angustiava com a viagem para Oeste, pois quase todos acreditavam que a terra era plana e que tal jornada poderia conduzi-los ao abismo da beira do mundo. (N.E.)

Quarta, 12 de setembro. – Neste dia, seguindo a rota, percorreram, ao todo, inclusive à noite, trinta e três léguas, registrando menos, pelo motivo já exposto.

Quinta, 13 de setembro. – Entre o dia e a noite, mantendo-se na rota, que era rumo a oeste, percorreram trinta e três léguas, e registrou três ou quatro a menos. As correntes lhes foram contrárias. Neste dia, no começo da noite, as bússolas indicavam noroeste, o que na manhã seguinte continuou ainda um pouco a acontecer.

Sexta, 14 de setembro. – Navegaram neste dia, mantendo-se rumo a oeste, inclusive à noite, e percorreram vinte léguas; registrou alguma a menos. A essa altura os tripulantes da caravela *Niña* disseram que tinham visto uma gralha e um rabo-de-palha; e essas aves nunca se afastam mais de vinte e cinco léguas da terra firme.

Sábado, 15 de setembro. – Navegou neste dia, com a noite incluída, vinte e sete léguas na sua rota para o oeste e algumas mais. E logo no começo da noite viram cair do céu um maravilhoso galho de fogo no mar, a uma distância de quatro ou cinco léguas de onde se encontravam.

Domingo, 16 de setembro. – Navegou dia e noite rumo a oeste. Teriam percorrido trinta e nove léguas, mas só registrou trinta e seis. O dia esteve meio nublado: chuviscou. Segundo o Almirante, daqui por diante, hoje e sempre, encontrarão clima mui temperado, que dava o maior prazer acordar de manhã, só faltava ouvir rouxinóis. Diz ele: E o tempo era igual ao de abril na Andaluzia. Aqui começaram a ver muitos molhos (manchas?) de algas bem verdes[7] que havia pouco, conforme lhe pareceu, se tinham despregado da terra, e por isso todos julgavam estar perto de alguma ilha; mas não da terra firme, segundo o Almirante, que diz: Porque a terra firme vamos encontrar mais adiante.

---

7. Estavam navegando pelo Mar dos Sargaços. (N.E.)

Segunda, 17 de setembro. – Navegou na rota do oeste e percorreram, entre a noite e o dia, mais de cinquenta léguas. Anotou apenas quarenta e sete. A corrente lhes foi favorável. Viram muitas algas e com frequência, e eram de rochedos e provenientes do lado do Poente. Acreditavam estar próximos da terra. Seguiram os pilotos rumo ao norte, marcando na bússola, e acharam que os ponteiros indicavam noroeste numa grande quarta, e os marinheiros começaram a sentir medo, a ficar melancólicos e sem dizer por quê. O Almirante entendeu; determinou que voltassem a marcar o norte ao amanhecer e acharam que os ponteiros estavam bons. O motivo foi porque a estrela, em vez dos ponteiros, dá impressão de se deslocar no firmamento. Ao amanhecer, nesta segunda-feira, viram quantidade bem maior de algas e que pareciam ser provenientes de rios, nas quais encontraram um caranguejo vivo, que o Almirante guardou. Consta que esses são sinais certos de terra, porque não se acham a menos de oitenta léguas da costa. A água do mar estava menos salgada desde que partiram das Canárias; o clima, sempre mais brando. Sentiam-se todos muito contentes e os navios que mais podiam avançar se esforçavam para serem os primeiros a avistar terra. Viram muitas toninhas e os tripulantes da *Niña* pegaram uma. Diz aqui o Almirante que são sinais do Poente, "onde confio que esse Deus supremo, de cujas mãos dependem todas as vitórias, muito em breve nos dará terra". Hoje de manhã diz que viu uma ave branca chamada "rabo-de-palha", que não costuma pernoitar no mar.

Terça, 18 de setembro. – Navegou, entre dia e noite, mais de cinquenta e cinco léguas, mas só registrou quarenta e oito. O mar, durante todos esses dias, esteve muito tranquilo, como o rio em Sevilha. Neste dia, Martín Alonso, com a *Pinta*, que é muito veloz, não esperou, porque disse ao Almirante, lá de sua caravela, que tinha visto uma grande revoada de aves rumando para o Poente e que à noite esperava avistar terra e por isso queria se apressar.

Apareceu do lado norte uma espessa cerração, o que indica vizinhança de terra.

Quarta, 19 de setembro. – Navegou na rota, e entre dia e noite percorreram vinte e cinco léguas, pois encontraram calmaria. Anotou vinte e duas. Neste dia, às dez horas, um alcatraz sobrevoou a nau e de tarde avistaram outro, e é pássaro que não costuma afastar-se vinte léguas da terra. Surgiram alguns chuvisqueiros sem vento, o que é indício seguro de terra. O Almirante não quis parar a barlavento para confirmar essa hipótese; ficou, porém, absolutamente certo de que, no lado do norte e do sul, havia algumas ilhas, como mais tarde se comprovou, e de que estava passando pelo meio delas.

Porque a sua vontade era de agora seguir adiante até as Índias para aproveitar o bom tempo, e porque isso, se aprouvesse a Deus, permitiria que na volta vissem tudo: foram essas as suas palavras... Aqui os pilotos descobriram suas posições: a *Niña* achava-se a quatrocentas e quarenta léguas das Canárias; a *Pinta*, a quatrocentas e vinte; e a que levava o Almirante, a quatrocentas justas.

Quinta, 20 de setembro. – Navegou neste dia rumo a oeste quarta do noroeste e à meia partida, porque muitos ventos foram embora com a calmaria que fez. Percorreram sete ou oito léguas. Dois alcatrazes sobrevoaram a nau, indício de proximidade de terra; e viram muitas algas, embora na véspera não tivessem visto nenhuma. Pegaram um pássaro com a mão, e parecia uma gralha; era pássaro de rio e não de mar: tinha as patas feito gaivota. Ao amanhecer, vieram até o navio dois ou três passarinhos de terra cantando, e depois, antes de raiar o sol, desapareceram. Aí sobreveio outro alcatraz: vinha do oeste-noroeste, porque essas aves dormem na terra e de manhã vão para o mar à cata de alimento, e não se afastam mais de vinte léguas.

Sexta, 21 de setembro. – Hoje encontrou-se quase só calmaria com, mais tarde, um pouco de vento. Entre o dia e a noite, avançando a duras penas, percorreram treze léguas. Ao amanhecer encontraram tantas algas que dir-se-ia que o mar estava atulhado delas, e vinham do oeste. Viram um alcatraz. O mar muito liso, como um rio, e o ar mais puro do mundo. Avistaram uma baleia, o que é sinal de proximidade de terra, porque elas sempre andam por perto da costa.

Sábado, 22 de setembro. – Navegou mais ou menos a oeste-noroeste, deslocando-se para um e outro lado. Percorreram trinta léguas. Quase não viram algas. Surgiram uns pintarroxos e outra ave.

Diz aqui o Almirante: Muito me ajudou esse vento contrário, porque a minha tripulação andava bastante irritada, pensando que estes mares não fossem varridos por ventos para voltar para a Espanha. Durante uma parte do dia não apareceram algas; depois, em grande quantidade.

Domingo, 23 de setembro. – Navegou a noroeste, às vezes à quarta do norte e outras mantendo-se na rota, que era a oeste, e percorreu vinte e duas léguas. Viram uma rola e um alcatraz, e um passarinho de rio e outras aves brancas. Havia algas em profusão, cheias de caranguejos. E, como o mar estivesse manso e liso, a tripulação murmurava, dizendo que não havia dúvida de que ali o mar não era grande e que nunca ventaria o suficiente para voltar para a Espanha; mas depois o mar encrespou-se muito, e sem vento, o que os assombrou, e por isso diz aqui o Almirante: De modo que me foi bem providencial o mar alto, que não aparecia, a não ser no tempo dos hebreus, quando fugiram do Egito liderados por Moisés, que os tirou do cativeiro.

Segunda, 24 de setembro. – Navegou dia e noite, mantendo-se na rota do oeste, e percorreram catorze léguas e meia. Registrou doze. Um alcatraz veio até ao navio e também vieram muitos pintarroxos.

Terça, 25 de setembro. – Hoje reinou grande calmaria e depois vento; e seguiram na rota do oeste até à noite. O Almirante ia falando com Martín Alonso Pinzón, comandante da *Pinta*, a respeito de um mapa que lhe havia mandado três dias antes para a caravela, onde, ao que parece, o Almirante tinha desenhado algumas ilhas naquele mar[8]. E dizia Martín Alonso que achavam que estavam naquela região, e o Almirante também concordou; mas que, como não tinham dado com elas, isso devia ser por causa das correntes, que sempre levavam os navios para nordeste e que, portanto, não haviam navegado tanto como os pilotos pretendiam. E, estando a situação nesse pé, pediu o Almirante que lhe devolvesse o tal mapa. E, enviado por uma corda, começou o Almirante a examiná-lo com o piloto e os marinheiros. Ao pôr do sol, Martín Alonso subiu à popa de seu navio e, com grande alegria, chamou o Almirante, pedindo-lhe alvíssaras, pois via terra. E, ao ouvir a confirmação, o Almirante diz que se pôs a render graças a Nosso Senhor de joelhos, enquanto Martín Alonso proclamava *Gloria in excelsis Deo* com a tripulação. No que foram imitados pela do Almirante; e os da *Niña* subiram todos ao mastro e na enxárcia, gritando terra à vista. E assim também pareceu ao Almirante e que faltavam 25 léguas para alcançá-la. Ficaram todos afirmando até à noite que era terra. O Almirante ordenou que se trocasse a rota, que seria para o oeste, e que fossem todos para o sudoeste, onde havia aparecido terra. Teriam percorrido neste dia quatro léguas e meia a oeste e, de noite, a sudoeste, dezessete léguas, portanto vinte e uma, embora indicasse treze à tripulação, pois sempre fingia diante deles que percorriam pouco caminho, para que não lhes parecesse longo; e assim descreveu essa viagem de duas maneiras: a menor foi a falsa, e a maior a verdadeira. O mar estava tão liso que muitos marinheiros se puseram a nadar. Viram muitos dourados e outros peixes.

---

8. Para fazer esse mapa, Colombo baseou-se noutro feito pelo famoso cartógrafo Toscanelli. (N.E.)

Quarta, 26 de setembro. – Navegou na sua rota para o oeste até depois do meio-dia. Aí desviaram para sudoeste e perceberam que o que se dizia que tinha sido terra não era, e sim céu. Percorreram, entre dia e noite, trinta e uma léguas, mas contou vinte e quatro para a tripulação. O mar estava então feito um rio; o ar, doce e suavíssimo.

Quinta, 27 de setembro. – Navegou na sua rota para o oeste. Percorreu, entre dia e noite, vinte e quatro léguas; contou vinte para a tripulação. Surgiram vários dourados; mataram um. Viram um rabo-de-palha.

Sexta, 28 de setembro. – Navegou na sua rota para o oeste, percorreram dia e noite, com calmaria, catorze léguas; contou treze. Acharam poucas algas. Pegaram dois peixes dourados, mas os outros navios tiveram mais sorte.

Sábado, 29 de setembro. – Navegou na sua rota para o oeste. Percorreram vinte e quatro léguas, contou vinte e uma para a tripulação. Devido às calmarias encontradas, pouca distância percorreram entre dia e noite. Viram uma ave que se chama pelicano, que só se alimenta com o que os alcatrazes são forçados por ela a vomitar. É ave do mar, mas não pousa n'água nem se afasta a mais de vinte léguas da terra. Há muitas desse tipo na ilha de Cabo Verde. Depois vieram dois alcatrazes. O ar é muito doce e gostoso, até parece que só falta ouvir um rouxinol, e o mar liso feito um rio. Apareceram depois, em três ocasiões, três alcatrazes e um pelicano. Viram muitas algas.

Domingo, 30 de setembro. – Navegou na sua rota para o oeste. Percorreu, entre dia e noite, por causa da calmaria, catorze léguas; anotou onze. Vieram até o navio quatro rabos--de-palha, o que é grande sinal de terra, pois tantas aves da mesma espécie juntas significa que não andam extraviadas nem perdidas. Viram-se quatro alcatrazes em duas oportunidades. Algas, muitas.

Repara que as estrelas da constelação da Ursa Menor, quando anoitece, estão junto ao braço do lado do poente e, quando amanhece, passam para a linha abaixo do braço a nordeste, dando impressão de que, durante toda a noite, percorrem apenas três linhas, o que equivale a nove horas, e isso a cada noite: é o que diz aqui o Almirante. Também ao anoitecer os ponteiros da bússola indicam uma quarta a noroeste e, ao amanhecer, estão em linha reta com a estrela; ao que parece, a estrela se desloca como as outras; e os ponteiros revelam sempre a verdade.

Segunda, 1º de outubro. – Navegou na sua rota para o oeste. Percorreram vinte e cinco léguas; contou vinte para a tripulação. Enfrentaram forte chuvarada. O piloto do Almirante estava hoje, ao amanhecer, com medo de já terem percorrido, desde a ilha de Ferro até aqui, quinhentas e sessenta e oito léguas para o oeste. A conta menor que o Almirante mostrava à tripulação era de quinhentas e oitenta e quatro léguas; mas a verdadeira, que o Almirante calculava e escondia, era de setecentas e sete.

Terça, 2 de outubro. – Navegou na sua rota para o oeste, noite e dia, trinta e nove léguas; contou cerca de trinta para a população. O mar, sempre liso e bom.

A Deus muitas graças sejam louvadas, disse aqui o Almirante.

As algas, ao contrário do costume, vinham de leste para oeste. Surgiram muitos peixes; matou-se um. Viram uma ave branca que parecia uma gaivota.

Quarta, 3 de outubro. – Navegou na sua rota de sempre. Percorreram quarenta e sete léguas; contou quarenta para a tripulação. Apareceram pintarroxos, muitas algas, algumas já velhas e outras bem novas, trazendo uma espécie de fruta; e não viram ave nenhuma.

O Almirante achava que atrás ficavam as ilhas que trazia desenhadas no mapa. Diz aqui o Almirante que não quis parar a barlavento na semana passada e nesses dias em que havia tantos indícios de terra, mesmo tendo conhecimento de ilhas nessa região, para não perder tempo, pois o seu objetivo era chegar às Índias; e, se parasse, diz que não seria prudente.

Quinta, 4 de outubro. – Navegou na sua rota para o oeste. Percorreram, entre dia e noite, sessenta e três léguas; contou quarenta e seis para a tripulação. Vieram mais de quarenta pintarroxos juntos e dois alcatrazes até ao navio, sendo que um recebeu uma pedrada de um marinheiro da caravela. Sobrevoaram a nau um joão-grande e uma ave branca que nem gaivota.

Sexta, 5 de outubro. – Navegou na sua rota. Percorreram onze milhas por hora. Entre a noite e o dia percorreram cinquenta e sete léguas, porque o vento diminuiu um pouco durante a noite; contou quarenta e cinco para a tripulação. O mar em bonança e liso.

A Deus – diz – muitas graças sejam dadas.

O ar, muito doce e temperado; algas, nenhuma; pintarroxos, muitos; várias andorinhas-do-mar passaram voando sobre a nau.

Sábado, 6 de outubro. – Navegou na sua rota para sueste ou oeste, que dá no mesmo. Percorreram quarenta léguas entre dia e noite; contou trinta e três para a tripulação. Nesta noite Martín Alonso disse que seria bom navegar à quarta do oeste, para o lado do sudoeste; e pareceu ao Almirante que Martín Alonso não dizia isso por causa da ilha de Cipango, e o Almirante achava que se se enganassem não poderiam tão cedo encontrar terra e que era preferível primeiro procurar terra firme e depois as ilhas.

Domingo, 7 de outubro. – Navegou rumo a oeste; percorreram doze milhas por hora durante duas horas, depois oito, fazendo, até à uma hora da tarde, vinte e três léguas. Contou dezoito para a tripulação. Neste dia, ao nascer do sol, a caravela *Niña*, que ia na frente por ser mais veloz, e se apressava ao máximo para ser a primeira a ver terra, a fim de gozar dos favores prometidos pelos monarcas aos primeiros que a vissem, içou uma bandeira no alto do mastro e disparou uma bombarda como sinal de que a tinham enxergado por fim, porque assim determinara o Almirante. Havia também determinado que ao nascer e ao pôr do sol se juntassem todos os navios com o dele, porque essas duas ocasiões são mais propícias para que os humores se disponham a ver mais longe. Como à tarde não enxergassem a terra que os da caravela *Niña* julgavam ter visto e porque passava uma grande revoada de aves do lado do norte para o sudoeste (levando a crer que iam dormir em terra ou talvez fugissem do inverno, que nas terras de onde vinham decerto estava por chegar, pois o Almirante sabia que a maioria das ilhas pertencentes aos portugueses foram descobertas pelas aves), o Almirante, por isso, concordou em deixar a rota do oeste e virar a proa para sudoeste, com a determinação de viajar dois dias naquele rumo. Isso começou uma hora antes do pôr do sol. Percorreram, em toda a noite, cerca de cinco léguas, e 23 durante o dia. Foram, ao todo, 28 léguas.

Segunda, 8 de outubro. – Navegou a oés-sudoeste e fizeram entre dia e noite onze léguas e meia ou doze, e às vezes parece que percorreram durante a noite quinze milhas por hora, se a letra não mente. Encontraram o mar feito o rio de Sevilha; graças a Deus, diz o Almirante. O ar, dulcíssimo, como em abril em Sevilha, que dá prazer respirá-lo, de tão perfumado que é. As algas pareciam bem novas; muitos passarinhos como os do campo; e conseguiram pegar um que ia fugindo para o sudoeste, gralhas e gansos, e um alcatraz.

Terça, 9 de outubro. – Navegou para o sudoeste. Percorreu cinco léguas; o vento mudou e soprou para o oeste quarta a noroeste, e fez quatro léguas. Depois, ao todo, onze léguas de dia e as da noite, vinte léguas e meia. Contou dezessete para a tripulação. A noite inteira escutaram revoadas de pássaros.

Quarta, 10 de outubro. – Navegou para oés-sudoeste. Percorreram, a dez milhas por hora e às vezes doze e até sete, e entre dia e noite, cinquenta e nove léguas. Contou apenas quarenta e quatro para a tripulação. Aqui os marinheiros já não aguentavam mais; queixavam-se da longa viagem[9]. O Almirante, porém, incentivou-os o quanto pôde, dando-lhes boa esperança das vantagens que poderiam obter. E acrescentou que não adiantava se queixarem, pois que ele tinha vindo para as Índias e que assim haveria de prosseguir até encontrá-las com a ajuda segura de Nosso Senhor.

Quinta, 11 de outubro. – Navegou para oés-sudoeste. Enfrentaram muito mar e mais do que em toda a viagem haviam enfrentado. Viram pintarroxos e um junco verde junto à nau. Os tripulantes da caravela *Pinta* viram um talo de cana-de-açúcar e um pedaço de pau, e apanharam outro pauzinho lavrado semelhante a uma barra de ferro, e um talo de cana e outra erva que brota em terra e uma tabuinha. Os da caravela *Niña* também viram outros indícios de terra e um pauzinho coberto de caramujos. Diante desses sinais, todos respiraram e se alegraram. Percorreram neste dia, até o pôr do sol, vinte e sete léguas. Depois que anoiteceu voltou a navegar na sua primeira rota para o oeste; fizeram doze milhas por hora; e até às duas da madrugada percorreriam mais noventa, o que equivale a vinte e duas léguas e meia. E por ser a caravela *Pinta* a mais veloz e ir na frente do Almirante, achou terra e fez os sinais pedidos pelo Almirante. Quem primeiro enxergou foi um marinheiro que se dizia chamar Rodrigo de Triana; aí então o Almirante, às dez da noite, estando no castelo da popa, distinguiu luz, embora fosse tão débil que não quis afirmar que fosse terra; mas chamou Pedro Gutiérrez, incumbido de armar estrados para El-Rei, e disse-lhe que parecia luz, e que olhasse, o que ele fez e viu; disse também a Rodrigo Sánchez de Segovia, que El-Rei e a Rainha enviavam na armada como

---

9. A ameaça de um motim – em função dos temores e angústias da tripulação – era constante, e Colombo sabia disto. (N.E.)

inspetor, que nada viu porque não estava em posição de poder ver. Depois que o Almirante lhe disse, vislumbrou, uma ou duas vezes, o que mais parecia uma velinha de cera que se levantava e sacudia, e que bem poucos interpretaram como sinais de terra. O Almirante, porém, tinha certeza de que era. Por isso, quando rezaram a *Salve,* que todos os marinheiros costumavam dizer e cantar à sua maneira, e estavam todos reunidos, o Almirante pediu e aconselhou a que montassem guarda no castelo de proa, e olhassem bem à procura de terra, e que ao primeiro que lhe dissesse que enxergava, lhe daria prontamente um gibão de seda, sem os outros favores que os monarcas tinham prometido, que eram dez mil maravedis de juro ao primeiro que enxergasse. Às duas horas da madrugada surgiu terra, da qual estariam a apenas duas léguas de distância. Arriaram todas as velas e ficaram só com a da popa, que é a grande sem suplementares, e puseram-se à capa, contemporizando até a sexta-feira, quando chegaram a uma ilhota dos Lucaios[10], que em língua de índios se chamava "Guanahani"[11]. Logo apareceu gente nua, e o Almirante saiu rumo à terra no barco armado, com Martín Alonso Pinzón e Vicente Anés (Vicente Yánez), seu irmão, e comandante da *Niña.* O Almirante empunhou a bandeira real e os comandantes as duas bandeiras da Cruz Verde, que o Almirante levava como emblema em todos os navios, com um F e um Y: por cima de cada letra, a respectiva coroa, a primeira feita de um cabo da cruz e a segunda do outro. Ao desembarcar viram árvores muito verdes, muitas águas e frutas de várias espécies. O Almirante chamou os dois comandantes e demais acompanhantes, e Rodrigo de Escovedo, escrivão de toda a armada, e Rodrigo Sánchez de Segovia, e pediu que lhe dessem por fé e testemunho como ele, diante de todos, tomava, como de fato tomou, posse da dita ilha em nome de El-Rei e da Rainha, seus soberanos, fazendo os protestos

---

10. Talvez "lucaios" não passe de uma corruptela de "lecuios" (ou "lequios"), habitantes de ilhas mitológicas que a tradição situava entre a Europa e a Ásia. (N.E.)

11. Colombo chegou nas Bahamas, na ilha que hoje se chama Watlings. (N.E.)

que se requeriam, como mais extensamente se descreve nos testemunhos que ali se procederam por escrito. Logo viram-se cercados por vários habitantes da ilha. O que se segue são palavras textuais do Almirante, em seu livro sobre a primeira viagem e descobrimento dessas índias:

"Eu – diz ele –, porque nos demonstraram grande amizade, pois percebi que eram pessoas que melhor se entregariam e converteriam à nossa fé pelo amor e não pela força, dei a algumas delas uns gorros coloridos e umas miçangas que puseram no pescoço, além de outras coisas de pouco valor, o que lhes causou grande prazer e ficaram tão nossos amigos que era uma maravilha. Depois vieram nadando até os barcos dos navios onde estávamos, trazendo papagaios e fio de algodão em novelos e lanças e muitas outras coisas, que trocamos por coisas que tínhamos conosco, como miçangas e guizos. Enfim, tudo aceitavam e davam do que tinham com a maior boa vontade. Mas me pareceu que era gente que não possuía praticamente nada. Andavam nus como a mãe lhes deu à luz; inclusive as mulheres, embora só tenha visto uma robusta rapariga. E todos os que vi eram jovens, nenhum com mais de trinta anos de idade: muito bem-feitos, de corpos muito bonitos e cara muito boa; os cabelos grossos, quase como o pelo do rabo de cavalos, e curtos, caem por cima das sobrancelhas, menos uns fios na nuca que mantêm longos, sem nunca cortar. Eles se pintam de preto, e são da cor dos canários, nem negros nem brancos, e se pintam de branco, e de encarnado, e do que bem entendem, e pintam a cara, o corpo todo, e alguns somente os olhos ou o nariz. Não andam com armas, que nem conhecem, pois lhes mostrei espadas, que pegaram pelo fio e se cortaram por ignorância. Não têm nenhum ferro: as suas lanças são varas sem ferro, sendo que algumas têm no cabo um dente de peixe e outras uma variedade de coisas. Todos, sem exceção, são de boa estatura, e fazem gesto bonito, elegantes. Vi alguns com marcas de ferida no corpo e, por gestos, perguntei o que era aquilo e eles, da mesma maneira, demonstraram que ali aparecia gente de outras ilhas das imediações com a intenção de capturá-los e então se defendiam. E eu achei e acho que aqui vêm procedentes da terra firme para levá-los para o cativeiro. Devem ser bons serviçais e habilidosos, pois noto que repetem logo o que a gente diz e creio que depressa se fariam cristãos; me pareceu que não tinham nenhuma religião. Eu, comprazendo a Nosso Senhor, levarei daqui, por ocasião de minha partida, seis deles para Vossas Majestades, para que aprendam a falar. Não vi nesta ilha nenhum animal de espécie alguma, a não ser papagaios".

Todas as palavras que acabo de transcrever são do Almirante e nelas se refletem as impressões que colheu no primeiro contato com os índios.

Sábado, 13 de outubro. – Assim que amanheceu, veio até à praia uma porção desses homens, todos jovens, como já disse, e todos de boa estatura. É gente muito bonita: os cabelos não são crespos, mas lisos e grossos, como cerdas de cavalo, e todos de rosto e cabeça bem mais largos que qualquer geração que tenha visto até agora, com olhos muito bonitos e nada pequenos, e entre eles não há nenhum negro, a não ser da cor dos canários; nem se deve esperar outra coisa, pois esta terra está a lés-oeste da ilha do Ferro, na Canária, em linha reta. Todos, sem exceção, têm pernas bem torneadas, e nenhum tem barriga, a não ser muito bem-feita. Vieram até a nau em pirogas, feitas do tronco de uma árvore, como um barco comprido e de um só pedaço, e lavradas que eram uma maravilha, segundo o costume local, e tão grandes que algumas continham quarenta ou quarenta e cinco homens, e outras, menores, onde inclusive cabia apenas uma pessoa. Remavam com uma pá semelhante às de forno e correm que dá gosto; e quando emborcam, todos logo se põem a nadar para endireitá-las, esvaziando-as com cabaças que levam junto com eles. Traziam novelos de algodão desfiado, papagaios, lanças e outras ninharias que seria cansativo enumerar, querendo trocar por qualquer coisa que a gente desse. E eu estava atento, me esforçando para saber se havia ouro, e vi que alguns traziam um pedacinho pendurado num furo que têm no nariz e, por sinais, consegui entender que indo para o sul ou contornando a ilha naquela direção, encontraria um rei que tinha grandes taças disso e em vasta quantidade. Sugeri que fossem buscar e depois vi que não compreendiam a minha ideia. Resolvi esperar até amanhã de tarde e então partir rumo ao sudoeste, pois, segundo muitos indicaram, havia terras ao sul e ao sudoeste, e que essas do noroeste eram muitas vezes atacadas por forasteiros, e desse modo ir ao sudoeste à procura de ouro e pedras preciosas naqueles lugares.

Esta ilha é imensa e muito plana, de árvores verdíssimas e muitas águas, com uma vasta lagoa no meio, sem nenhuma montanha, e tão verde que dá prazer só em olhá-la; e os habitantes são tão sossegados e com tanta vontade de ganhar nossas coisas que, temendo não receber nada se não derem algo em troca, quando não têm, pegam o que podem e se põem logo a nadar; mas tudo o que possuem trocam por qualquer coisa que se lhes dê, e pegavam até os cacos de gamelas e das taças quebradas; inclusive vi trocarem dezesseis novelos de algodão por três ceotis portugueses, que valem uma branca[12] de Castela, e neles haveria mais de uma arroba de algodão desfiado. Isso eu preservaria, sem deixar que ninguém se aproveitasse, a não ser que mandasse recolher tudo para V. M., se houvesse em grande quantidade. Aqui, nasce nesta ilha, mas pelo pouco tempo de que disponho não pude dar assim fé de tudo, e aqui também nasce o ouro[13] que trazem pendurado no nariz; mas, para não perder tempo, quero ir ver se consigo encontrar a ilha de Cipango[14]. Agora, como já é noite, todos voltaram para a terra em suas canoas.

Domingo, 14 de outubro. – Ao amanhecer, mandei enfeitar o batel da nau e os barcos das caravelas e percorri a ilha pelo comprido, na direção do nordeste, para ver o outro lado,

---

12. Branca, antiga moeda portuguesa, equivalente à quarta parte de um maravedi. (N.T.)

13. Até o século XVII, acreditava-se que o ouro "nascia" nas minas que, portanto, seriam inesgotáveis. (N.E.)

14. *Cipango,* o Japão de Marco Polo. (N.E.)

que ficava a leste, e também para ver os povoados e avistei logo dois ou três, e as pessoas que vinham todas à praia, chamando por nós e rendendo graças a Deus. Uns nos traziam água; outros, coisas de comer, outros ainda, quando viam que ninguém pretendia se aproximar da terra, lançavam-se ao mar e vinham nadando, e entendíamos que nos perguntavam se tínhamos vindo do céu. E também apareceu um velho na parte inferior do batel e outros, em altos brados, chamavam todos os homens e mulheres:

— Venham ver os homens que chegaram do céu; e tragam-lhes de comer e beber.

Veio uma porção, com muitas mulheres, cada um trazendo algo, rendendo louvores a Deus, jogando-se ao chão e levantando as mãos para o céu e depois gritando para que fôssemos até à terra. Mas fiquei com medo ao deparar com uma grande restinga de pedras que cerca toda a costa dessa ilha e no meio o porto parece tão fundo que deve dar para quantas naus existirem em toda a Cristandade, com entrada muito estreita. É verdade que dentro dessa faixa há alguns baixios, mas o mar não se mexe mais que dentro de um poço. E para ver tudo isso me abalei esta manhã, para que pudesse fazer relação de tudo a Vossas Majestades, e também onde pudesse construir uma fortificação e vi um pedaço de terra que se assemelha a uma ilha, embora não seja, em que havia seis casas, que se poderia explorar em dois dias; embora não veja necessidade, porque essa gente é muito simples em matéria de armas, como verão Vossas Majestades pelos sete que mandei capturar para levar à vossa presença, aprender a nossa língua, e trazê-los de volta, a menos que Vossas Majestades prefiram mantê-los em Castela ou conservá-los cativos na própria ilha[15], porque bastam cinquenta homens para subjugar todos e mandá-los fazer tudo o que se quiser.

Além disso, junto à referida ilhota existem hortas de árvores das mais bonitas que já vi, tão verdes que as folhas

---

15. Nenhum desses índios retornou à terra natal. Morreram na travessia ou na própria Espanha, de doenças comuns como gripe e varíola. (N.E.)

lembram as de Castela nos meses de abril e maio, e muita água. Olhei para todo aquele porto e depois voltei à nau e levantei vela, e vi tantas ilhas que nem sabia determinar à qual iria primeiro. E aqueles homens que tinha capturado faziam sinais, dizendo que eram tantas e tantas, que não havia número, e nomearam pelo nome mais de cem. Por isso, olhei para a maior e para ela resolvi me dirigir e assim faço, e deve estar a uma distância de cinco léguas desta de San Salvador e de umas mais e de outras menos. São todas muito planas, sem montanhas, muito férteis e todas povoadas e entram em guerra entre si, embora sejam bem simples e os corpos dos homens muito lindos.

Segunda, 15 de outubro. – Havia contemporizado esta noite com receio de não chegar em terra para ancorar antes do amanhecer e por não saber se a costa estava livre de baixios e, com o nascer do sol, começar a navegar. E como a ilha ficasse a uma distância de mais de cinco léguas, talvez até sete, e a maré me deteve, seria melo-dia quando lá cheguei. E como dali avistei outra maior a oeste, soltei as velas para viajar todo aquele dia até à noite, porque ainda não tinha conseguido chegar ao cabo do oeste, a cuja ilha dei o nome de "Santa Maria de la Conception".[16] E quase ao pôr do sol me aproximei do referido cabo para saber se ali tinha ouro, porque esses que mandei capturar na ilha de San Salvador me diziam que aí andavam com argolas de ouro muito grandes nas pernas e nos braços. Já estava achando que tudo o que diziam era puro pretexto para fugirem. Contudo, a minha vontade era a de não passar por nenhuma ilha sem tomar posse. E aqui cheguei e estou até hoje, terça-feira, pois ao amanhecer fui à terra com os barcos armados e desci; e eles, que eram vários e estavam nus, nas mesmas condições de San Salvador, nos deixavam andar pela ilha e nos davam o que se lhes pedia. E como o vento soprava na travessia sudeste, não quis me deter e parti para a nau, levando uma canoa abandonada a bordo da

---

16. É a ilha chamada hoje de Cayo Rum. (N.E.)

caravela *Niña*, onde já de outro cabo vinha uma pequena canoa com um homem que viera buscar um novelo de algodão, e alguns marinheiros se lançaram ao mar, porque ele não queria entrar na caravela, e o capturaram. E eu, que estava na popa da nau, e a tudo assisti, mandei chamá-lo e lhe dei um gorro vermelho e umas miçangas verdes que lhe coloquei no braço e dois guizos que lhe coloquei nas orelhas e mandei que voltasse para a canoa, que também vinha no barco, e o enviei à terra. E logo soltei velas para ir à ilha grande que avistava a oeste e mandei largar também a outra canoa que a caravela *Niña* trazia à popa. E assim parti, mais ou menos às dez horas, com vento sudeste, e ia de sul para essa outra ilha, vastíssima, e onde todos esses homens que trago de San Salvador indicam que há verdadeiro esbanjamento de ouro, ostentando-o em feitio de argolas nos braços e pernas e nas orelhas, nariz e pescoço. São ilhas verdejantes, férteis e de clima mui brando, e podem conter uma porção de coisas que ignoro, pois não quero perder tempo com escalas destinadas a percorrer tantas ilhas a fim de achar ouro. E, no entanto, estas dão assim indícios pelo que trazem nos braços e nas pernas, e é ouro, porque lhes mostrei alguns pedaços do que tenho. Não posso errar e com a ajuda de Nosso Senhor hei de encontrá-lo onde nasce.

E estando a meio golfo dessas duas ilhas – isto é, daquela de Santa Maria e desta grande, à qual dou o nome de "Fernandina"[17], achei um homem sozinho dentro de uma canoa que se dirigia da ilha de Santa Maria para a Fernandina, e trazia um pedaço de pão, que seria do tamanho de um punho, uma cabaça de água, um naco de terra vermelha reduzida a pó e depois amassada, e folhas secas, que devem ser coisa muito apreciada por eles[18]. Pedi que entrasse na nau, que era o que ele queria, e mandei colocar a canoa no navio e guardar tudo o que trazia; e que lhe trouxessem pão com mel e bebida. E assim vou levá-lo até a Fernandina e lhe devolver tudo o que é seu, para que dê boas novas de nós e assim, se Nosso Senhor

---

17. Fernandina hoje se chama Long Island. (N.E.)

18. É a primeira referência ao tabaco na literatura ocidental. (N.E.)

quiser, quando Vossas Majestades enviem para cá emissários, que aqueles que vierem recebam honrarias e lhes deem de tudo o que houver.

Terça, 16 de outubro. – Parti das ilhas de Santa Maria de la Conception para a Fernandina, que parece ser vastíssima a oeste, e naveguei o dia inteiro com calmaria. Contemporizei a noite toda até o amanhecer para chegar a um povoado, onde ancorei e onde já havia chegado aquele homem que encontrei na canoa a meio golfo. Tinha dado tantas boas notícias nossas que durante a noite não faltaram canoas a bordo da nau, trazendo-nos água e o que tinham. Eu mandei dar algo a cada um; por exemplo, dez ou doze miçangas presas por um fio, e soalhas de latão, dessas que em Castela custam um maravedi cada uma, e alguns cordões com agulhetas, e por tudo expressavam altíssimo apreço, e também lhes mandei dar, para que comessem, mel açucarado. E depois, às três da tarde, enviei o batel da nau à terra para buscar água, e eles, com a maior boa vontade, mostraram a meus tripulantes onde encontrá-la, e se encarregaram de trazê-la pessoalmente em barris cheios ao batel, alegrando-se muito em nos comprazer.

Agora, escrevendo isto, soltei a vela com o vento sul para rodear toda a ilha e me empenhar para encontrar Samoet, que é a ilha ou cidade onde está o ouro, segundo dizem todos os que vêm até à nau e também diziam os habitantes da ilha de San Salvador e de Santa Maria. Essa gente é semelhante às das referidas ilhas, tanto na língua como nos costumes, só que os daqui me parecem um pouco mais domésticos, de trato, e mais perspicazes, pois vejo que trouxeram algodão aqui para a nau. E ainda nesta ilha vi panos de algodão feito mantilhas e as pessoas mais gentis, e as mulheres trazem na frente do corpo um pedacinho de tecido de algodão que mal lhes cobre as partes pudendas. Não me consta que professem alguma religião e acho que bem depressa se converteriam em cristãos, pois têm muito boa compreensão. Aqui os peixes são tão maiores do que os nossos que é uma verdadeira maravilha. Há também baleias. Não vi nenhum bicho, de espécie alguma, em terra, só papagaios e lagartos. Outro dia um marinheiro me disse que viu uma cobra grande.

Quarta, 17 de outubro. – Ao meio-dia parti do povoado onde estava ancorado e onde peguei água para ir rodear a Fernandina e, por essa rota, ir à ilha que os índios chamam de Samoet, onde está o ouro. Martín Alonso Pinzón, comandante da caravela *Pinta*, à qual mandei três desses índios, veio até a mim dizendo que um deles lhe havia dado a entender, sem possibilidade de engano, que pelo lado do nor-noroeste bem mais rapidamente circundaria a ilha; vi que o vento não me ajudava pelo caminho que queria seguir e que era bom pelo outro. Soltei a vela para nor-noroeste e quando cheguei perto do cabo da ilha, a duas léguas de distância, encontrei um porto simplesmente maravilhoso, com uma foz, até duas, pode-se dizer, pois tem um ilhéu no meio e as duas são bem estreitas e, no interior, tão amplas que caberiam cem navios, se o fundo fosse limpo e profundo na entrada. E por ter imaginado, quando vi, que era a foz de algum rio, mandei levar barris para buscar água e em terra encontrei cerca de oito ou dez homens que logo se aproximaram de nós e nos mostraram ali perto o povoado, onde pedi que os tripulantes fossem pegar água, um grupo com armas e os outros com os barris. E assim fizeram; e como ficava bastante longe, esperei quase duas horas. Nesse meio tempo perambulei entre as árvores, contemplando todo aquele verdor e em tal grau como no mês de maio em Andaluzia. Os habitantes se assemelhavam aos que já tínhamos encontrado, nas mesmas condições, também nus e com idêntica estatura. E ali encontraram um que usava no nariz um pedaço de ouro que lembrava a metade de um castelhano[19], e que trazia uns dizeres. Insisti para que não regateassem e dessem o que pedia, para ver o que era e que moeda seria essa; e me responderam que nunca ousariam regatear.

Hoje choveu muito forte desde a meia-noite até quase amanhecer e o dia ainda continua nublado como se fosse

---

19. Castelhano, antiga moeda de ouro. (N.T.)

chover. E assim, desde que estou nestas Índias, não há dia que não chova, pouco ou muito. Creiam-me, Vossas Majestades, que esta terra é a melhor e mais fértil, temperada, plana e boa que tem no mundo.

Quinta, 18 de outubro. – Depois que clareou segui o vento e andei ao redor da ilha o quanto pude e só ancorei na hora que não era mais de navegar; mas não fui até à terra e ao amanhecer soltei as velas.

Sexta, 19 de outubro. – Ao amanhecer levantei âncora, enviei a caravela *Pinta* para leste e sudeste, a *Niña* para sudoeste, e fui com a nau para sudeste. Dei ordem para que efetuassem aquela volta até o meio-dia, e que depois ambas mudassem de rumo e se recolhessem junto a mim. Não demorou muito, antes que navegássemos três horas, para avistarmos uma ilha ao leste, para onde nos dirigimos. E chegamos a ela, todos os três navios, antes do meio-dia, na ponta do norte; esses homens de San Salvador que trago comigo disseram que é a ilha Samoet, a qual denominei de "Isabela"[20]. A costa corria a oeste até um cabo, que chamei de "Cabo Hermoso", redondo e bem fundo. E ali ancorei hoje à noite, sexta-feira, até amanhã. Esta costa tem muitas árvores, bem verdes e muito grandes, e a terra é mais alta do que as outras ilhas já descobertas. E veio um cheiro tão bom e tão suave das flores e árvores, que era a coisa mais doce do mundo.

Sábado, 20 de outubro. – Hoje, ao nascer do sol, levantei âncora de onde estava com a nau parada nesta ilha de Samoet no cabo do sudeste, onde dei o nome de "Cabo de la Laguna", e à ilha de Isabela, para navegar para nordeste e leste do lado do sudeste e do sul, onde ouvi falar, por esses homens que trago junto comigo, que fica o povoado e o respectivo rei. E por ser perigoso ancorar nestas ilhas, a não ser de dia, quando se enxerga direito o lugar em que se lança a âncora,

---

20. É a ilha que hoje se chama Crooked Island, a leste das Bahamas. (N.E.)

pois são tudo manchas, às vezes limpas, outras não, me pus a contemporizar à vela toda esta noite de domingo.

Domingo, 21 de outubro. – Às dez horas cheguei aqui, neste cabo do ilhéu, e ancorei, e o mesmo fizeram as caravelas. E, depois de ter comido, fui até à terra, onde não havia por povoado mais que uma casa, na qual não achei ninguém. Creio que fugiram de medo, porque todos os objetos estavam em seus devidos lugares. Não deixei que se tocasse em nada, só saí com os dois comandantes e a tripulação para ver a ilha; que se as outras já vistas são muito bonitas, verdejantes e férteis, esta é ainda mais, com arvoredos grandes e bem verdes. Aqui tem grandes lagunas e, dentro delas e em volta, o arvoredo é uma maravilha, e aqui em toda a ilha está tudo verde e as folhagens lembram o mês de abril em Andaluzia; e o canto dos passarinhos dá vontade de nunca mais ir embora, e os bandos de papagaios chegam a escurecer o sol; e há tantas espécies de aves e passarinhos, e tão diferentes dos nossos, que deslumbra a vista.

Também à procura de água boa fomos parar num povoado perto daqui; e os habitantes, assim que notaram a nossa presença, saíram todos fugindo, deixando as casas, e escondendo a roupa e o que tinham no mato. Não deixei que meus homens pegassem em nada, por insignificante que fosse.

Depois alguns deles se aproximaram de nós, sendo que um se manteve bem próximo. Eu lhe dei guizos e miçangas e ele ficou muito contente e alegre. E para que a amizade aumentasse e pudesse solicitar favores, mandei pedir água, e eles, quando voltei para a nau, vieram logo à praia com as cabaças cheias, demonstrando grande prazer em trazê-la para nós.

Se o tempo permitir, logo partirei a circundar esta ilha até conseguir falar com o cacique e ver se posso obter dele o ouro que ouço dizer que usam, e depois partir para outra ilha vastíssima, que acho que deve ser Cipango, segundo os sinais que fazem esses índios que viajam comigo, à qual chamam de "Colba"[21], e de uma outra a que dão o nome de "Bosio"[22]. E as que ficam no meio verei logo assim, de passagem, e conforme descubra vestígio de ouro ou especiarias, resolverei o que hei de fazer.

Agora, porém, já me determinei a ir à terra firme, e também à cidade de Quisay,[23] para entregar as cartas de Vossas Majestades ao Grande Cã, pedir resposta e regressar com ela.

Segunda, 22 de outubro. – A noite inteira e todo o dia de hoje estive aqui aguardando para ver se o cacique local ou outras pessoas trariam ouro ou qualquer coisa de valor, e vieram muitos habitantes, parecidos com os que encontramos nas outras ilhas. Alguns usavam pedaços de ouro pendurados no nariz, que de bom grado trocavam por miçangas; mas é tão pouco, que nem vale a pena; e é verdade que se contentam com tudo o que se lhes dê, e consideram a nossa chegada como uma verdadeira maravilha, achando que viemos do céu.

Terça, 23 de outubro. – Hoje queria partir para a ilha de Cuba, que acho que deve ser Cipango. E no entanto não soltei nem solto vela, pois não tem vento, só a mais absoluta calmaria, e chove muito.

Quarta, 24 de outubro. – Ontem à meia-noite levantei âncora do cabo da ilha Isabela, pois assim a chamei, onde estava descansando, para ir à ilha de Cuba, pois ouvi essa gente dizer que é muito grande e movimentada, contendo ouro e especiarias, naus grandes e mercadores. Naveguei até o romper do dia a oés-sudoeste, e ao amanhecer o vento diminuiu e choveu, e assim quase toda a noite. E como já estava ven-

---

21. É Cuba, foi um erro do copista ou do próprio Colombo, que talvez tenha entendido mal aos índios. (N.E.)

22. Deve ser lido "Bóhio", como os índios chamavam o atual Haiti (que Colombo batizou de La Espanhola). (N.E.)

23. Nome que Marco Polo (cujo relato foi publicado pela L&PM Editores na coleção L&PM/História) deu à cidade de King-See, que figurava no mapa que Toscanelli fez. (N.E.)

tando forte e eu não sabia a distância que ainda faltava para chegar à referida ilha de Cuba, e para não ter que procurá-la no escuro, mandei arriar o traquete e não percorremos esta noite nem duas léguas.

Quinta, 25 de outubro. – Navegou depois do nascer do sol a oés-sudoeste até às nove horas. Depois mudou de direção para o oeste. Fizeram oito milhas por hora até à uma da tarde, e daí até às três, percorrendo ao todo quarenta e quatro milhas. Então viram terra, e eram sete ou oito ilhas, todas pelo comprido, de norte a sul; distavam delas cinco léguas etc.

Sexta, 26 de outubro. – Os índios que levava disseram que havia entre estas ilhas e Cuba um dia e meio de percurso em suas pirogas, que são barquinhos de madeira e sem vela, que chamam de canoas. Partiu de lá para Cuba, pois, pelos sinais que os índios lhe davam de sua extensão e do ouro e das pérolas que encontraria por lá, julgava que fosse ela; ou, convém que se saiba, Cipango.

Sábado, 27 de outubro. – Ao nascer do sol levantou âncora dessas ilhas, que denominou de "Arena", por causa do fundo raso que tinham do lado do sul até a uma distância de seis léguas. Fez oito milhas por hora até à uma da tarde a sul-sudoeste, e percorreram quarenta milhas, e até à noite percorreram mais vinte e oito milhas na mesma direção; e antes de escurecer viram terra. Ficaram consertando os navios até o pôr do sol, a dezessete léguas a sul-sudoeste.

Domingo, 28 de outubro. – Saiu dali em busca da ilha de Cuba a sul-sudoeste e entrou num rio belíssimo e sem o menor risco de baixios ou outros obstáculos. Diz o Almirante que nunca viu coisa mais bonita: cheio de árvores, cobrindo as margens de ponta a ponta, lindas e verdes, e diferentes das nossas, com flores e com seus frutos. Muitas aves e passarinhos, a cantar com a maior doçura. O Almirante saltou no barco e foi até à terra, chegando a duas casas que julgou ser de pescadores e que teriam fugido de medo. Numa delas achou um cachorro que nem sequer latiu e em ambas havia redes de fibra de palmeira e cordões, e anzol de chifre, arpões de osso e outros apetrechos de pesca.

Deu ordens para que ninguém tocasse em nada e assim fizeram. Voltou ao barco e percorreu rio acima um bom pedaço, e diz que foi um grande prazer contemplar todo aquele verdor e arvoredos.

Diziam os índios que nessa ilha havia minas de ouro e pérolas, e o Almirante viu um local propício para elas e amêijoas, que é indício delas, e entendia o Almirante que ali acorriam naves do Grande Cã, e de grande porte, e que de lá até à terra firme a jornada seria de dez dias. E chamou aquele rio e porto, o Almirante, de "San Salvador".

Segunda, 29 de outubro. – Levantou âncora desse porto e navegou ao poente para ir, segundo diz, à cidade onde lhe parecia que os índios diziam que estava o cacique. Viu um rio, cuja foz não era tão grande e ao qual deu o nome de "la Luna". Viu outro, bem maior que os demais, em cujas cercanias havia bons povoados de casas: chamou-o de "rio de Mares". Enviou dois barcos a um povoado para pedir informações, e a um deles um dos índios dos que trazia. Todos os homens, mulheres e crianças fugiram, esvaziando as casas de tudo o que tinham; e o Almirante ordenou que não se tocasse em nada. As casas estavam construídas em feitio de pavilhão, eram espaçosas e todas de belíssimos ramos de palmeiras. Encontraram várias estátuas em forma de mulheres e várias cabeças, muito bem esculpidas, em moldes de carrancas. Havia cachorros, mas nem latiram. A água na foz daqueles rios era salgada: não ficaram sabendo onde os índios buscavam a que bebiam, embora em suas casas houvesse água doce. Achou caracóis bem grandes, mas sem nenhum sabor; não eram como os da Espanha.

Marcou a posição do rio e do porto, dando-lhes o nome de "San Salvador".

Terça, 30 de outubro. – Saiu do rio de Mares a noroeste e viu um cabo cheio de palmeiras, que chamou de "Cabo de Palmas". Os índios que iam na caravela *Pinta* disseram que atrás desse cabo existia um rio e que entre ele e Cuba havia quatro jornadas; e disse o comandante da *Pinta* que tinha impressão de que essa Cuba era uma cidade situada em vastíssima terra firme que se estendia muito para o norte, e que o cacique local estava em guerra com o Grande Cã, a quem chamavam de "Cami", e, à terra ou cidade, de "Fava", e muitos outros nomes. O Almirante decidiu chegar naquele rio e mandar um presente ao cacique, entregando-lhe a carta dos Monarcas. Para isso dispunha de um marinheiro que já tinha estado na Guiné, e certos índios de Guanahani que queriam ir junto com ele, e que depois, como recompensa, seriam levados de volta para a sua terra.

Quarta, 31 de outubro. – Ficaram toda a noite de terça-feira a barlavento, e viu um rio onde não pôde entrar por ser rasa a foz; e os índios pensaram que os navios pudessem passar como faziam com as suas canoas. Por isso e como o céu indicava que iam ter ventos fortes, preferiu regressar ao rio de Mares.

Quinta, 1º de novembro. – Ao nascer do sol, o Almirante enviou os barcos para a terra até às casas que ali havia e descobriram que todos os habitantes tinham fugido. Não demorou muito e apareceu um homem, e o Almirante ordenou que o deixassem em paz e regressassem aos barcos. E depois de comer tornou a enviar para a terra um dos índios que levava[24], e que de longe gritou que não precisavam ter medo porque eram boas pessoas e não faziam mal a ninguém, nem pertenciam ao Grande Cã, antes pelo contrário, davam do que era seu em muitas ilhas em que haviam estado; e o índio lançou-se a nadar e foi até à terra, e dois dos que estavam lá o pegaram pelo braço e o levaram a uma casa para ser interrogado. E quando ficaram

---

24. Trata-se de Diego Colombo. (N.E.)

certos de que ninguém lhes queria fazer mal, se tranquilizaram e vieram logo até os navios em mais de dezesseis pirogas, ou canoas, trazendo algodão desfiado e outras insignificâncias, das quais o Almirante ordenou que não se tomasse nada, para que soubessem que ele só procurava ouro, que chamam de "nucay". E assim passaram o dia inteiro indo e vindo entre a terra e os navios, enquanto os cristãos faziam o mesmo. O Almirante não viu ouro em nenhum deles, mas diz que tinha um com um pedaço de prata lavrada pendurado no nariz, o que indica a existência de prata. Disseram, por sinais, que dentro de menos de três dias viriam muitos mercadores do interior para comprar as coisas trazidas pelos cristãos e dariam notícias do cacique dessa terra, que, segundo se pôde entender pelos sinais que faziam, distava quatro jornadas dali, pois tinham enviado vários emissários pela região toda a fim de anunciar a chegada do Almirante.

Sexta, 2 de novembro. – Resolveu o Almirante enviar dois espanhóis: o primeiro, chamado Rodrigo de Jerez, morava em Ayamonte, e o segundo, Luis de Torres, tinha morado com o Adiantado[25] de Murcia, havia sido judeu e sabia, segundo diz, o hebraico, o caldeu e também um pouco de árabe; e junto com eles mandou dois índios, um dos que trazia consigo desde Guanahani e o outro proveniente daquelas casas dos povoados à beira-rio. Deu-lhes cartas de contas para comprar comida, se lhes faltasse, e seis dias de prazo para voltarem. E amostras de especiarias para comparar com as que por acaso encontrassem. Ensinou-lhes a maneira de indagar pelo cacique local e como lhe tinham que falar da parte dos Reis de Castela, que enviavam o Almirante para entregar-lhe suas cartas e um presente, saber como estava passando, pedir sua amizade e favorecê-lo em tudo o que fosse preciso etc.

Sábado, 3 de novembro. – De manhã, o Almirante entrou no barco e seguiu rio acima até encontrar água doce, o que

---

25. Adiantado, antigo governador de província. (N.T.)

ocorria a cerca de duas léguas de distância da foz, e subiu um pequeno morro para examinar melhor a terra, mas não pôde ver nada por causa dos grandes arvoredos. Diz que tudo o que viu era tão bonito que não se cansava de admirar tanta beleza somada ao canto das aves e dos passarinhos. Neste dia muitas pirogas, ou canoas, vieram até os navios oferecer trabalhos de algodão desfiado e redes de dormir, que são para pendurar.

Domingo, 4 de novembro. – Logo ao amanhecer o Almirante entrou no barco e foi à terra caçar as aves vistas na véspera. Depois de voltar, o contramestre da *Pinta* lhe disse que havia encontrado pés de canela. O Almirante imediatamente foi lá e achou que não eram. Mostrou canela e pimenta aos índios locais, que lhe disseram, por meio de gestos, que perto dali havia muito daquilo, no lado sudeste. Mostrou-lhes ouro e pérolas e alguns velhos responderam que num lugar chamado "Bohio" tinha em grande quantidade, que usavam no pescoço, orelhas, braços e pernas, além de pérolas. Entendeu mais: que diziam que havia naus grandes e mercadorias, e tudo isso no sudeste. Entendeu também que longe dali havia homens de um olho só e outros com cara de cachorro, que eram antropófagos e que, quando capturavam alguém, degolavam, bebendo-lhe o sangue e decepando as partes pudendas. O Almirante resolveu voltar à nau para aguardar o regresso dos dois emissários espanhóis e só então determinar-se a sair em busca daquelas terras, caso não lhe trouxessem boas notícias a respeito do que queria.

Segunda, 5 de novembro. – Ao amanhecer, mandou pôr a nau e os demais navios em prontidão; mas não todos simultaneamente, apenas que ficassem sempre dois no lugar onde estavam, por questão de segurança, embora ele insista que essa tripulação é de toda a confiança.

E, estando assim, veio o contramestre da *Niña* pedir alvíssaras ao Almirante por haver encontrado aroeira, só que não trazia muda porque tinha perdido no caminho. Prometeu-a ao Almirante e enviou Rodrigo Sánchez e Mestre Diego até às árvores, e eles voltaram com algumas, que o Almirante guardou para levar aos monarcas, junto com um pedaço de tronco. Diz que encontrou muito daquela madeira que lhe pareceu ser aloés. E que um índio falou, por meio de gestos, que a aroeira é boa para dores de estômago.

Terça, 6 de novembro. – Ontem à noite, diz o Almirante, chegaram os dois espanhóis que tinha mandado para ver o interior da terra, e lhe contaram que depois de andar doze léguas chegaram a um povoado de cinquenta casas, onde havia mil vizinhos porque moram muitos debaixo do mesmo teto. E que tinham sido recebidos da maneira mais solene, segundo o costume local; queriam tocar neles e lhes beijavam as mãos e os pés, maravilhando-se e acreditando que vinham do céu. Mostraram canela, pimenta e outras especiarias que o Almirante lhes havia dado, e lhes disseram, através de gestos, que dava muito perto dali, no sudeste. Veio com eles um dos chefes do povoado, com um filho e um de seus homens. O Almirante falou com eles, tratou-os com muita consideração, e indicando as várias terras e ilhas que existiam por aqueles lados, pensou em levá-los aos monarcas, mas diz que não sabe o que passou pela cabeça do chefe; parece que teve medo, e já noite fechada, quis voltar para terra. E o Almirante diz que, como a nau havia ficado encalhada perto da praia, e não querendo contrariá-lo, deixou que se fosse, depois que prometeu que voltaria ao amanhecer; mas nunca mais voltou. Os dois emissários acharam aves de muitas espécies e diferentes das espanholas, a não ser perdizes e rouxinóis que cantavam, e gansos, que ali tem em grande número. A terra muito fértil e bem lavrada, com abricoteiros, feijões e favas em nada semelhantes aos nossos; esse mesmo painço e uma vasta quantidade de algodão colhido, desfiado e trabalhado, e que numa só casa tinham visto mais de quinhentas e tantas arrobas.

"Tenho certeza, sereníssimas Majestades – diz o Almirante –, que sabendo a língua e orientados com boa disposição por pessoas devotas e religiosas, logo todos se converteriam em cristãos; e assim confio em Nosso Senhor que Vossas

Majestades se determinarão a isso com muita diligência para trazer para a Igreja tão grandes povos, e os converterão, assim como já destroçaram aqueles que se recusaram a professar a fé no Pai e no Filho e no Espírito Santo."

São palavras do próprio Almirante, que tencionava partir na quinta-feira; mas como sopraram ventos contrários, não pôde levantar ancora antes do dia doze de novembro.

Segunda, 12 de novembro. – Partiu do porto e rio de Mares ao render do quarto da aurora para dirigir-se a uma ilha que os índios que traz consigo insistem que se chama "Babeque"[26], onde, segundo indicam por gestos, a população descobre ouro de noite na praia com o auxílio de candeias e depois, com martelo, parece que faz varas com ele. Toda a costa é habitada, principalmente perto do rio que encontrou, ao qual denominou de "Sol". Disse que ontem, 11 de novembro, lhe havia parecido aconselhável capturar algumas pessoas que moram nessas margens para levá-las à presença dos monarcas a fim de aprenderem a nossa língua, saber o que contém essa terra e, ao regressar, falarem língua de cristãos, tendo adotado nossos costumes e as coisas da fé.

"De maneira que ontem veio até à nau – diz o Almirante – uma piroga com seis jovens, que mandei prender e levo comigo. Depois enviei um grupo a uma casa que fica do lado poente do rio, e me trouxeram sete mulheres, entre adolescentes e adultas, com três crianças. Fiz isso porque os homens se comportarão melhor na Espanha ao lado de suas conterrâneas. Por conseguinte, tendo-as consigo, mostrarão boa vontade para negociar o que se lhes pedir, e essas mulheres também poderão ensinar a língua deles aos espanhóis. Hoje de noite veio até à nau, numa piroga, o marido de uma dessas criaturas, pai de três filhos, um rapaz e duas moças, e pediu que o deixasse acompanhá-los, o que muito me agradou, pois agora ficam todos consolados, uma vez que são todos parentes e ele já é homem de quarenta e cinco anos, no mínimo."

---

26. É a ilha chamada hoje de Grande Inagua. (N.E.)

Todas essas palavras do Almirante são textuais. Também diz que fazia um pouco de frio e por isso não seria aconselhável, no inverno, seguir para o norte com o intuito de descobrir. Navegou nesta segunda-feira, até o pôr do sol, dezoito léguas ao leste quarta de sudeste até chegar a um cabo, a que deu o nome de "Cabo de Cuba".

Terça, 13 de novembro. – Passou a noite inteira à capa, como dizem os marinheiros, que é ficar a barlavento e não navegar nada. Quando o dia clareou, soltou as velas para terra e alcançou uma ponta que de noite lhe pareceu distar duas léguas, e entrou num grande golfo. E como queria chegar à ilha que chamam de "Babeque", resolveu fazer-se ao mar e andar para o leste com o vento que era norte; e andou oito milhas por hora, e desde as dez do dia que tomou esse rumo, até o pôr do sol, percorreu cinquenta e seis milhas.

Quarta, 14 de novembro. – Passou a noite inteira parado e a barlavento, porque ontem, terça-feira, os índios que iam junto lhe disseram que havia três dias desde o rio de Mares até a ilha de Babeque, o que se deve entender como tempo levado por suas pirogas, que podem andar sete léguas; e o vento também diminuiu, e por causa de outros percalços, teve que esperar que amanhecesse.

Ao raiar do dia resolveu ir procurar porto, porque o vento mudara para nordeste e, se não achasse refúgio, ser-lhe-ia necessário retroceder ao que tinha deixado na ilha de Cuba. Chegou em terra depois de percorrer, nessa noite, vinte e quatro milhas, quando viu várias fozes, ilhotas e portos, e como ventava muito e o mar estivesse agitado, não se atreveu a encostar; em vez disso, andou pela costa a noroeste quarta do oeste, olhando para ver se encontrava abrigo; e viu que havia muitos, mas pouco claros. Depois de ter feito sessenta e quatro milhas assim, achou uma foz bem funda, com largura de quarto de milha, com bom porto e rio, onde entrou, colocando a proa a sul-sudoeste e depois a sul até chegar a sudeste, quando enxergou tantas ilhas que nem dava para contar todas;

e diz que acredita que sejam aquela infinidade que nos mapa-múndi se situam nos confins do oriente. E disse que achava que continham vastas riquezas, pedras preciosas e especiarias. Chamou-as de "mar de Nuestra Señora", e ao porto situado na sua foz deu o nome de "Puerto del Príncipe". Fala tantas e tais coisas da fertilidade, beleza e excelência dessas ilhas, que diz para os soberanos não se surpreenderem de encarecê-las assim, pois lhes garante que julga que não exprime nem sequer a centésima parte.

Quinta, 15 de novembro. – Resolveu percorrer essas ilhas com os barcos dos navios, e conta maravilhas a respeito delas: que encontrou aroeira e uma quantidade infinita de aloés, sendo que alguns pés tinham raízes lavradas, de onde os índios fazem pão[27]. Água doce não viu; habitantes tinha alguns, mas fugiram.

Sexta, 16 de novembro. – Como em tudo quanto é lugar, ilhas e terras por onde passa sempre deixa fincada uma cruz, entrou no barco e foi até à foz daqueles portos. E numa ponta de terra encontrou dois enormes pedaços de madeira, um maior do que o outro, e, colocando-os um sobre o outro, fez uma cruz tão proporcional que diz que nenhum carpinteiro seria capaz de fazer semelhante. E, adorada essa cruz, mandou fazer da mesma madeira outra igual, ainda maior e mais alta.

Foi até a uma enseada no interior da foz do porto. Ali havia uma encosta de pedras e penhascos feito cabo, sendo que ao pé era muito fundo, e tinha um lugar ou recanto onde caberiam seis navios sem âncoras que nem numa sala. Pareceu-lhe que ali se poderia construir uma fortaleza que não custaria caro, se futuramente, nesse mar de ilhas, surgisse alguma mina de grande valor.

Voltando à nave, encontrou os índios que levava consigo pescando caracóis imensos que tem naqueles mares, e fez

---

27. Pão de mandioca, comum aos índios do Caribe, que provavelmente migraram da Amazônia brasileira até as ilhas. (N.E.)

a tripulação mergulhar para ver se achavam madrepérolas, que são as ostras onde se criam pérolas, e acharam várias, mas não pérolas, e atribuiu isso ao fato de ainda não ser tempo, o que, segundo ele, acontecia por volta de maio e junho. Acharam um animal que parecia cágado ou tartaruga. Pescaram também com redes e encontraram um peixe, entre outros, que se assemelhava a um verdadeiro porco, não como a toninha, que diz que era todo concha bem dura e não tinha partes moles, a não ser o rabo e os olhos, e por baixo um buraco para expelir seus excessos. Mandou salgá-lo para levar e mostrar aos soberanos.

Sábado, 17 de novembro. – De manhã entrou no barco e foi ver as ilhas que ainda desconhecia no sudoeste. Viu várias, muito férteis e bonitas. Achou nozes grandes, iguais às da Índia, creio que foi o que disse, e enormes ratões, também como os da Índia, e caranguejos imensos. Dos seis índios capturados no rio de Mares, hoje fugiram os dois mais velhos.

Domingo, 18 de novembro. – Saiu outra vez nos barcos com muita gente dos navios e foi colocar a grande cruz que havia mandado fazer com os pedaços de madeira na foz do dito porto do Príncipe, num lugar bem à vista, não coberto por árvores. E só não partiu por ser domingo.

Segunda, 19 de novembro. – Partiu antes do sol nascer e com calmaria; depois ventou um pouco ao leste e navegou a nor-nordeste. E se manteve a noite toda nessa direção; percorreu sessenta milhas e outras doze até às dez horas da manhã de terça-feira, o que equivale, ao todo, a dezoito léguas.

Terça, 20 de novembro. – Vendo que o vento não mudava e que o mar se encapelava, decidiu regressar ao porto do Príncipe, de onde tinha saído. Não quis ir à ilhota que chamou de Isabela por dois motivos. Primeiro, porque avistou duas ilhas ao sul; queria vê-las; segundo, para que os índios que levava, capturados em Guanahani, que chamou de San

Salvador, não escapassem. Diz que precisa deles, para levá-los a Castela etc. E que tinham entendido que, se achassem ouro, o Almirante havia de deixá-los voltar para suas terras. Chegou ao local do porto do Príncipe; mas não pôde encostar por já ser noite e porque as correntes desviaram-se para noroeste. Tornou a fazer a volta e colocou a proa a nordeste.

Quarta, 21 de novembro. – Ao nascer do sol navegou para leste com vento sul. Percorreu vinte e quatro milhas até à hora de vésperas. Depois o vento mudou para leste e percorreu ao sul quarta do sudeste. Aí o Almirante se encontrou a quarenta e dois graus da linha equinocial do lado norte.

Hoje Martín Alonso Pinzón afastou-se com a caravela *Pinta*, sem licença nem determinação do Almirante, por cobiça, diz que pensando que um índio que o Almirante tinha mandado recolher a essa caravela lhe havia de dar muito ouro, e assim se foi sem esperar, sem sequer a desculpa de mau tempo, apenas porque quis. E aqui diz o Almirante: "Já me fez e disse muitas outras".

Quinta, 22 de novembro. – Insistiu em ir para o sul para ver aquela terra que ficava por lá, e quando saiu se encontrou tão longe como na véspera, por causa das correntes contrárias, e a terra estava a quarenta milhas de distância.

Hoje à noite Martín Alonso tomou o rumo do leste para ir à ilha de Babeque, onde os índios dizem que há muito ouro, e o Almirante, mantendo o percurso, não o perdeu de vista.

Sexta, 23 de novembro. – O Almirante navegou todo o dia para a terra, sempre ao sul. Sobre esse cabo se sobrepõe outra terra ou cabo, que também vai para leste, e que aqueles índios que levava chamavam de "Bohio". Diziam que era muito grande e que lá havia uma gente que tinha um olho na testa, e outros que chamavam de canibais, de quem demonstravam ter muito medo. O Almirante diz que acredita que há um pouco de verdade em tudo isso, mas que o mais provável é que tivessem capturado alguns e, como não voltassem, diziam que tinham sido comidos. O mesmo acreditavam dos cristãos e do Almirante, no início, logo que os viram.

Sábado, 24 de novembro. – Navegou a noite toda e por fim chegou ao mar de Nossa Senhora, onde havia várias ilhas, e entrou no porto que fica junto à sua foz, que está repleto de palmeiras e muito arvoredo.

Domingo, 25 de novembro. – Antes do sol nascer entrou no barco, e na foz do cabo do lado do sudeste viu que havia um grande arroio de água lindíssima que serpenteava pela montanha abaixo fazendo muito barulho. Foi até ao rio e viu nele umas pedras brilhando, com manchas douradas, e lembrou-se do rio Tejo, a cujas margens próximas ao mar encontrou-se ouro, e mandou recolher algumas para levar para os Reis.

Nesse instante alguns grumetes gritaram, dizendo que estavam vendo pinheirais. Olhou para a serra e viu tantos, imensos e maravilhosos, que não seria capaz de calcular-lhes a altura e a retidão, feito fusos grossos e finos, que logo percebeu que daria para fazer navios e uma infinidade de tábuas e mastros para as maiores naus espanholas. Avistou na praia várias pedras cor de ferro, e outras que alguns diziam que eram de minas de prata, todas trazidas pelo rio. Ali pegou uma antena e mastro para a mezena da caravela *Niña*.

Segunda, 26 de novembro. – Ao nascer do sol, levantou âncora do porto de Santa Catalina e chegou tarde ao Cabo del Pico, porque o vento se acalmou, e, ao chegar, avistou outro cabo a sudeste quarta de leste, e de lá enxergou mais um, ao qual deu o nome de "Cabo de Campana". Toda aquela terra tem montanhas altíssimas, muito bonitas, com vales deslumbrantes. Ao longo dessa costa inteira não viu nenhum povoado do lado do mar. Calculou que a terra encontrada hoje fosse a ilha que os índios chamavam de "Bohío". Toda a gente que encontrou até hoje diz que sente o maior medo dos "caniba" ou "canima" que vivem nessa ilha de "Bohío". Não queriam falar, por receio de serem comidos, e não podia tirar-lhes o medo, pois diziam que só tinham um olho e cara de cachorro. O Almirante achava que era mentira, tendo impressão que deviam ser do domínio do Grande Cã, que os reduzia ao cativeiro.

Terça, 27 de novembro. – Ontem, à hora do pôr do sol, chegou perto de um cabo, que denominou "Campana". E viu logo, ao pé desse cabo, um porto maravilhoso e um grande rio, e, a um quarto de légua adiante, outro rio, e daí a meia légua mais um, e daí a outra meia légua mais outro, e a outra mais outro, e daí a um quarto mais outro, e daí a uma légua outro, também grande, do qual, até o cabo de Campana, distavam vinte milhas, que ficam a sudeste. Desse lado do último rio encontrou um grande povoado, o maior visto até agora, e viu se aproximar uma vasta quantidade de pessoas da beira do mar, em altos brados, todas nuas, com lanças na mão. Quis falar com elas e arriou as velas; ancorou e enviou os barcos da nau e da caravela com ordens para que não se fizesse nenhum dano aos índios nem se aproveitassem deles, mandando que lhes dessem algumas coisinhas daquelas permutas. Os índios indicaram, por gestos, que não pretendiam deixá-los saltar em terra e iriam resistir. E vendo que os barcos, sem se intimidar, se aproximavam cada vez mais da margem, afastaram-se do mar. E, pensando que saindo apenas dois ou três homens dos barcos não lhes meteriam medo, foi o que fizeram dois cristãos, dizendo, na língua deles, que não tivessem receio, pois sabiam alguma coisa dela pelas conversas com os que trazem consigo. No fim, todos correram, fugindo. Os três cristãos foram até às casas, que são de palha e do feitio das outras que já tinham visto, e não encontraram ninguém nem coisa alguma no interior delas. Regressaram aos navios e içaram velas ao meio-dia para ir a um cabo lindo que fica a leste. Tendo percorrido meia légua pela mesma baía, avistou o Almirante do lado do sul um porto interessantíssimo e, do lado do sudeste, umas planícies simplesmente maravilhosas, feito várzea montanhosa dentro dessa serra, de onde saíam grandes fumaças e povoados, com terras bem lavradas; e por isso decidiu desembarcar nesse porto. Foi uma coisa deslumbrante ver o arvoredo, o frescor das folhagens, a água cristalina, as aves e a amenidade do clima. Diz ele que lhe dava vontade de nunca mais sair dali. Ia falando aos homens que levava em sua companhia que, para descrever aos Reis as coisas que viam, não bastariam mil línguas para referi-lo nem sua mão para escrever, pois parecia-lhe estar encantado.

Diz ainda mais o Almirante aqui, com estas palavras: "Eu não saberia exprimir de quanto será o benefício que se pode tirar daqui. O que é certo, senhores Soberanos, é que onde existem tais terras devem existir infinidades de coisas proveitosas. E asseguro a Vossas Majestades que não me parece que sob a luz do sol possa haver melhores em matéria de fertilidade, de temperança de frio e calor, de abundância de águas boas e sãs, ao contrário dos rios da Guiné, que são todos pestilentos, porque, louvado seja Nosso Senhor, até hoje em toda a minha tripulação não teve ninguém que passasse mal da cabeça ou ficasse de cama por doença. E digo que Vossas Majestades não devem consentir que aqui venha ou ponha pé nenhum estrangeiro, salvo católicos cristãos, pois esse foi o objetivo e a origem do propósito, que esta viagem servisse para engrandecer e glorificar a religião cristã, não se permitindo a vinda a estas paragens a ninguém que não seja bom cristão".

Quarta, 28 de novembro. – Hoje ficou-se neste porto porque choveu e fez muita cerração. Os tripulantes dos navios foram até à terra e alguns embrenharam-se um pouco no território para lavar a roupa. Encontraram grandes povoados, mas com as casas vazias, pois todos tinham fugido. Voltaram por outro rio abaixo.

Quinta, 29 de novembro. – Como estava chovendo e por isso o céu ficou fechado, não se partiu. Alguns cristãos chegaram a outro povoado perto do lado noroeste e nas casas não encontraram nada nem ninguém. E no caminho se depararam com um velho que não lhes pôde fugir; capturaram-no e disseram-lhe que não queriam fazer-lhe mal e deram-lhe algumas coisinhas de presente e depois deixaram que fosse embora.

Numa das casas acharam um pão de mel, que vou levar aos Soberanos, pois onde há mel também deve haver mil outras coisas boas.

Sexta, 30 de novembro. – Não se pôde partir porque o vento era Levante, bem contrário à sua rota. Enviou oito homens bem armados, junto com dois índios dos que levava, para verem aqueles povoados no interior. Chegaram a muitas casas e não acharam nada nem ninguém, pois todos tinham fugido. Viram quatro índios que estavam lavrando suas plantações, e que, quando enxergaram os cristãos, saíram correndo e não puderam alcançá-los. Perto de um ribeirão viram uma piroga, ou canoa, de noventa e cinco palmos de extensão, feita de um só bloco de madeira, muito bonita; nela caberiam e navegariam cento e cinquenta pessoas.

Sábado, 1º de dezembro. – Não se partiu, pelo mesmo motivo do vento contrário e porque chovia muito. Colocou uma grande cruz na entrada desse porto, que acho que chamou de "Puerto Santo", em cima de escarpas íngremes.

Domingo, 2 de dezembro. – O vento ainda continuou contrário e não pôde partir. Diz que um grumete achou na foz desse rio certas pedras que parecem conter ouro; levou-as para mostrar aos Reis. Diz que existem por lá, a tiro de bombarda[28], grandes rios.

Segunda, 3 de dezembro. – Como continuava fazendo mau tempo, não partia desse porto, e então resolveu ir ver um cabo muito bonito que ficava a um quarto de légua dali. Foi com os barcos e alguns tripulantes armados. Rumou para o sudeste e achou uma angra, onde viu cinco pirogas muito grandes, que os índios chamam de canoas, e notou que o sopé do morro estava todo lavrado. Caminharam sob árvores

---

28. Bombarda, antiga máquina de guerra. (N.T.)

frondosas. Subiu ao alto de uma montanha e encontrou-a toda plantada e semeada de tantas coisas da terra e cabaças que era uma glória contemplar; e no meio havia um grande povoado. Apareceram de repente para os habitantes do lugar, que, quando os viram, homens e mulheres fugiram correndo. O índio que o acompanhava, um dos que levava consigo, procurou tranquilizá-los, dizendo que não precisavam ter medo, que eram gente boa. O Almirante mandou que lhes dessem guizos, anéis de latão e miçangas verdes e amarelas, e eles se mostraram satisfeitíssimos, visto que não tinham ouro nem qualquer pedra preciosa e que bastava deixá-los em paz e que toda a região estava povoada e os demais haviam fugido de medo (e o Almirante assegura aos Reis que dez homens são suficientes para afugentar dez mil), e depois resolveu voltar. Regressando ao lugar em que haviam ficado os barcos, enviou alguns cristãos ao morro por onde subiram, porque lhe parecia ter visto um grande colmeal. Antes que chegassem os emissários, reuniram-se vários índios e vieram até aos barcos onde o Almirante já se tinha recolhido com toda a tripulação; um deles se adiantou rio adentro, encostando-se à popa do barco, e começou a falar uma porção de coisas que o Almirante não entendeu. Pensou que estivessem contentes com sua vinda. Viu, porém, que o índio que trazia consigo mudou de expressão e ficou pálido feito cera, tremendo muito, dizendo por meio de gestos que o Almirante devia ir para longe daquele rio, que queriam matá-los e, aproximando-se de um cristão que estava com uma balestra armada na mão, mostrou-a aos índios, e o Almirante entendeu então que estava lhes dizendo que ia matar todos eles, porque aquela balestra atirava longe e sempre acertava. Pegou também uma espada e sacou-a da bainha, mostrando-a e também dizendo a mesma coisa; ao ouvir isso, saíram fugindo, ficando, porém, ainda tremendo, o dito índio, de pura covardia e falta de coração.

Terça, 4 de dezembro. – Fez-se à vela com pouco vento e saiu desse porto, que denominou "Puerto Santo", passando por vários rios.

Quarta, 5 de dezembro. – Navegou a noite inteira, à capa, em torno do Cabo Lindo, onde anoiteceu, para ver a terra que ia a leste. Pretendia ir à ilha de Babeque, mas não pôde, porque o vento que soprava era nordeste. Indo nessa direção, olhou para sudeste e avistou terra. Era uma ilha muito grande, da qual diz que já estava informado pelos índios, que a denominavam de "Bohío", e era habitada. Diz que os que vivem em Cuba ou Juana e todas as outras ilhas têm muito medo dessa gente, pois parece que são antropófagos. Depois fez dez milhas por hora; e até o pôr do sol ainda andaria oitenta e oito. E, como já estava escurecendo, determinou que a caravela *Niña*, por ser mais rápida, se adiantasse para examinar o porto ainda de dia, e ela, chegando à foz, que era do tamanho da baía de Cádiz, e como não dava para ver mais nada, enviou o seu barco com lume de candeia para sondar a margem; e, antes que o Almirante chegasse onde a caravela ficara a barlavento, à espera dos sinais que o barco lhe faria, o lume que haviam levado se apagou. Não o avistando mais, a caravela aproveitou o vento favorável e, apressando-se, levou outro ao Almirante que, ao chegar à *Niña*, ficou sabendo o que tinha acontecido. Enquanto isso, acenderam novo lume no barco; a caravela aproximou-se, mas o Almirante não conseguiu e passou a noite inteira a barlavento.

Quinta, 6 de dezembro. – Quando amanheceu, achou-se a quatro léguas do porto; deu-lhe o nome de "Puerto María", e viu um bonito cabo ao sul, ao qual denominou "Cabo de la Estrella". Restava-lhe outro cabo belíssimo e bem-feito, que recebeu o nome de "Cabo del Elefante", ao leste. E outro ainda a lés-sudeste, que denominou de "Cabo de Cinquín". Pareceu-lhe que entre o Cabo do Elefante e o de Cinquín havia uma foz imensa, e alguns marinheiros disseram que era separação de ilha; e lhe pôs o nome de "Ilha da Tartaruga"[29]. Na hora de vésperas, entrou no referido porto e denominou-o de "Puerto de San Nicolás", porque era dia do santo, e logo à entrada

---

29. Parte do arquipélago hoje chamado Ilhas Associação. (N.E.)

maravilhou-se com sua beleza e excelência. Havia em frente uma várzea bonita e (diz) na região deve ter grandes povoados, segundo se percebia pelas pirogas que usam. Todos os índios que ainda não tinham fugido fugiram ao avistar os navios. De modo que, para querer falar com os habitantes desse porto, lhe seria necessário passar alguns dias ali, o que não fez por ter ainda muitas terras para visitar e por não acreditar que o tempo fosse suficiente.

Sexta, 7 de dezembro. – Ao faltar um quarto para o amanhecer, soltou velas e saiu do porto de San Nicolás. Toda essa terra era muito alta e não de árvores grandes, mas de azinheiras e medronheiros, igual, diz, à terra de Castela. Mais adiante encontrou um abrigo bem amplo e fundo, e resolveu entrar nele, batizando-o de "Puerto de la Concepción", e desembarcou em terra por um rio de pouca extensão. Levou redes para pescar e antes que chegasse à margem saltou para dentro do barco uma liça, igual às da Espanha. Até então não tinham visto peixe parecido com os de Castela. Os marinheiros pescaram e mataram ostras, linguados e outros peixes como os de lá. Caminhou um pouco pela terra, que é toda lavrada, e ouviu cantarem o rouxinol e outros passarinhos como os de Castela.

Viram cerca de cinco homens, mas que não quiseram esperar por eles e saíram fugindo.

Encontrou murta e outras árvores e ervas iguais às de Castela, assim como são a terra e as montanhas.

Sábado, 8 de dezembro. – Aqui neste porto choveu muito, com vento norte muito forte. Depois da meia-noite, o vento mudou para nordeste e depois para leste, mas este porto é bem abrigado desses ventos pela ilha da Tartaruga, que lhe faz fronteira numa extensão de trinta e seis milhas.

Domingo, 9 de dezembro. – Hoje choveu e fez o mesmo tempo de inverno que faz em Castela por volta de outubro. A ilha é grande e muito bem lavrada. O Almirante acha que os povoados devem ser longe do mar, de onde veem a chegada das caravelas, e por isso todos fugiam espavoridos, levando consigo tudo o que tinham e fazendo sinais de fumaça como gente em guerra. Em frente ao porto há várzeas, das mais lindas do mundo e quase semelhantes às terras de Castela; aliás, estas levam vantagem, e por isso denominou-se de "Ilha Espanhola"[30].

Segunda, 10 de dezembro. – Ventou muito do nordeste e fez arrastar as âncoras a meio cabo. E, como o vento era contrário para ir aonde pretendia, enviou seis homens fortemente armados em terra para ver se podiam falar com alguém. Foram e voltaram sem ter achado casas nem gente; em compensação encontraram umas cabanas e trilhas bem largas e lugares onde haviam feito muito fogo; viram as melhores terras do mundo e depararam com muitos pés de aroeira, dos quais trouxeram mudas, dizendo que havia em grande quantidade, só que agora não é tempo de colher, porque não pega.

Terça, 11 de dezembro. – Não partiu por causa do vento, que ainda era leste e nordeste. Cada dia (diz o Almirante) entendemos mais esses índios e eles a nós. Pescaram muitos peixes como os de Castela, carpas, salmões, merluzas, dourados, salpas, lissas, corvinas, camarões, e viram sardinhas; encontraram muito aloé.

Quarta, 12 de dezembro. – Não partiu hoje, pelo mesmo motivo já indicado do vento contrário. Pôs uma grande cruz na entrada do porto do lado oeste, numa saliência bem à vista, "em sinal (diz) de que Vossas Majestades têm a terra como sua, e principalmente como sinal de Jesus Cristo Nosso Senhor e em honra da Cristandade". Uma vez colocada, três marinheiros embrenharam-se pelo morro para ver as árvores e as ervas, e ouviram ruídos causados por uma multidão de gente, a quem chamaram e foram atrás, mas os índios preferiam fugir.

---

30. Hoje, Santo Domingo. (N.E.)

E finalmente capturaram uma mulher, muito jovem e bonita, e a trouxeram para a nau, onde falou com aqueles índios, porque todos tinham a mesma língua. O Almirante deu-lhe roupas, miçangas, guizos e anéis de latão, e tornou a devolvê-la à terra, com toda a dignidade, como é seu costume; enviou junto alguns tripulantes da nau e três dos índios que levava consigo, para que falassem com aquela gente. Os marinheiros que iam no barco, quando a conduziam de volta, contaram para o Almirante que ela não queria mais sair da nau e sim ficar com as outras índias. Trazia um pedacinho de ouro no nariz, sinal de que havia ouro na ilha.

Quinta, 13 de dezembro. – Os três homens que o Almirante tinha mandado acompanhar a mulher voltaram às três da madrugada sem ter ido com ela até ao povoado, ou porque lhes pareceu longe ou então tiveram medo. O Almirante decidiu mandá-los de novo, confiando nas notícias que a índia teria levado, dizendo que os cristãos eram gente boa. Para isso escolheu nove homens bem armados e aptos para semelhante tarefa, com os quais foi um dos índios que trazia. Encontraram o povoado vazio; era de mil casas e mais de mil habitantes. O índio que os cristãos levavam correu atrás deles, aos brados, pedindo que não tivessem medo, que os cristãos não eram caraíbas, antes, pelo contrário, vinham do céu, e que davam muitas coisas bonitas a todos os que encontravam. Tanto os convenceu do que dizia que se tranquilizaram e vieram em mais de dois mil, e todos se aproximavam dos cristãos e lhes punham a mão na cabeça, sinal de grande reverência e amizade. Disseram os cristãos que, depois que perderam o medo, iam todos às suas casas e cada um lhes trazia do que tinha para comer, que é pão de inhame, que são umas raízes que parecem rabanetes graúdos e que nascem, e que eles semeiam, e brotam e plantam em todas as suas terras, e é do que vivem, e com elas fazem pão, cozinham, assam, e têm o mesmo gosto das castanhas.

Viram aproximar-se uma verdadeira multidão, chefiada pelo marido da mulher que o Almirante tinha respeitado e devolvido, que traziam a cavaleiro sobre os ombros; queriam agradecer aos cristãos pela honra que o Almirante lhes havia feito e pelos presentes que tinha dado.

Sexta, 14 de dezembro. – Saiu desse porto de la Concepción com vento terral. Depois o vento passou para levante e com ele chegou à ilha da Tartaruga: viu nela uma ponta que denominou "Punta Pierna" e lá descobriu outra, a que deu o nome de "Punta Lanzada". Esta ilha da Tartaruga é terra bem alta, mas não montanhosa, muito bonita e com grande número de habitantes. Visto que o vento era contrário e não podia ir à ilha de Baneque (ou Babeque), resolveu voltar ao porto de la Concepción.

Sábado, 15 de dezembro. – Saiu do porto de la Concepción outra vez no rumo pretendido, mas, na hora da partida, ventou leste forte contrário, e mudou de rota até chegar à Tartaruga. Entrou com os barcos por um grande rio, e viu algumas casas e a várzea grande onde estavam os povoados, e disse que nunca tinha visto coisa mais linda. E mais, que essa gente deve ser muito perseguida, pois vive morta de medo. Denominou a várzea de "Valle del Paraíso" e o rio de "Guadalquivir", porque diz que aqui é tão largo como o Guadalquivir quando passa por Córdoba.

Domingo, 16 de dezembro. – À meia-noite, com a brisa terrestre, soltou velas para sair desse golfo, e a meio caminho dele achou uma canoa ocupada por um só índio. O Almirante maravilhou-se da sua habilidade em mantê-la sobre a superfície da água com um vento tão forte. Fez entrar na nau tanto ele como a canoa, e, encantado, deu-lhe miçangas, guizos e argolas de latão, levando-o junto para a terra. Lá, foi na frente para dar notícias do Almirante e dos cristãos, por serem boa gente, e logo vieram mais de quinhentos homens, e não demorou muito surgiu o rei. E um por um, e também em grandes grupos, vinham até à nau sem trazer nada junto, embora alguns usassem alguns bagos de ouro finíssimo nas orelhas e no nariz, que se prontificavam a dar de boa vontade. Viu também que o rei, que estava na praia, era por todos tratado com respeito. O Almirante enviou-lhe um presente, que diz que recebeu com muito agrado e que seria moço de, no máximo, vinte e um anos, e que tinha um velho preceptor e outros conselheiros que o aconselhavam e lhe respondiam, e que ele falava pouco. Deram-lhe de comer coisas de Castela e ele comia um pedaço e depois dava o resto aos conselheiros.

"Creiam Vossas Majestades – diz o Almirante – que estas terras são tão boas e férteis, sobretudo as desta ilha Espanhola, que não há ninguém capaz de exprimir em palavras e que só pode acreditar quem já viu. E estes índios são dóceis e bons para receber ordens e fazê-los trabalhar, semear e tudo o mais que for preciso, e para construir povoados, e aprender a andar vestidos e a seguir nossos costumes."

Segunda, 17 de dezembro. – Ventou muito forte esta noite. Por isso passou todo o dia aqui. Mandou que os marinheiros pescassem com redes, os índios se alegraram muito com os cristãos e lhes trouxeram algumas flechas das usadas pelos canibas ou canibais, feitas de talos de cana-de-açúcar. Dois homens mostraram que lhes faltavam alguns pedaços de carne no corpo e deram a entender que os canibais os tinham comido a dentadas – o Almirante não acreditou.

Viram num índio, que o Almirante tomou por governador daquela província, e a quem chamavam de "cacique", um pedaço de ouro do tamanho de uma mão; e ele fazia partir em pedaços aquela peça, e, trazendo cada vez um pedacinho, vendia. Disseram ao Almirante que na Tartaruga havia mais ouro que na ilha Espanhola, porque fica mais perto de Baneque. O Almirante retrucou que não acreditava que na ilha Espanhola nem na da Tartaruga existissem minas de ouro e sim que eles traziam de Baneque, e em pequenas quantidades, por não terem nada para dar em troca.

Terça, 18 de dezembro. – Passou o dia de hoje ancorado na praia porque não tinha vento e também porque o cacique havia dito que ia trazer ouro. Logo ao amanhecer mandou enfeitar a nau e a caravela com armas e bandeiras por ser festa de Santa Maria de la O, ou comemoração da Anunciação. Deram muitos tiros de bombarda. Hoje, estando o Almirante comendo embaixo do castelo, o rei dessa ilha chegou à nau acompanhado de toda a sua gente[31].

E diz o Almirante aos Soberanos: "Sem dúvida Vossas Majestades sentiriam prazer em ver o agrado e respeito que todos lhes demonstram, pois andam nus. Ele, assim que entrou na nau, veio sentar-se a meu lado e não quis dar passagem para que eu saísse ou me levantasse da mesa, a não ser para comer. E das comidas que lhe pus na frente, pegava a mesma quantidade que se pega para encher uma bandeja, e depois jogava o resto para os seus acompanhantes, e todos comiam. No final da refeição, um escudeiro trazia um cinto de feitio igual aos de Castela, que ele pegou e me deu, junto com dois pedaços de ouro lavrado. Notei que tinha gostado de uma arandela que havia sobre a minha cama; eu lhe dei, com umas miçangas de âmbar muito boas que usava no pescoço, uns sapatos vermelhos e uma jarra de água de cidreira, que o deixou tão contente que dava gosto ver; e ele, o preceptor e os conselheiros ficaram muito pesarosos porque não entendiam o que eu dizia e nem eu a eles".

Quando já era tarde e ele manifestou desejo de ir embora, o Almirante lhe cedeu um barco com todas as honrarias e mandou disparar muitos tiros de bombarda. Uma vez posto em terra, subiu em seus andores e se foi com seus mais de duzentos homens.

Neste dia se trocou diz que pouco ouro; mas o Almirante ficou sabendo, por intermédio de um velho, que havia uma porção de ilhas circunvizinhas, a cem léguas ou mais, segundo pôde entender, nas quais nasce muito ouro, e em outras, até dizer-lhe que tinha ilha que era puro ouro, e ainda noutras, que têm em tal quantidade, que o recolhem e o passam por

---

31. Logicamente não havia reis em Espanhola, que era governada por quatro caciques: Guatiguna, Guarionex, Guanaoconel, Guacanagari. (N.E.)

uma espécie de peneira e depois fundem, fazem barras e mil lavores. Esse velho indicou ao Almirante a rota e o lugar onde estava; o Almirante resolveu ir até lá, e disse que, se não fosse o tal velho pessoa tão importante naquele reino, o prenderia para levá-lo consigo. Mas que, por já ter tantas pessoas para trazer aos Reis de Castela e porque não convinha causar-lhes agravo, resolveu deixá-lo.

Quarta, 19 de dezembro. – Hoje à noite fez-se à vela para sair deste golfo que forma ali a ilha da Tartaruga com a Espanhola, e sendo de dia voltou o vento levante, com o qual todo este dia não pôde sair do meio daquelas duas ilhas. Viu por lá uma ilha pequena, que denominou de "São Tomás", por ser amanhã véspera de sua festa. Antes da ilha tem um cabo que se adentra muito no mar alto e baixo e por isso lhe deu o nome de "Cabo Alto y Bajo". A sessenta milhas dali tem uma montanha mais alta que outra que entra no mar; lhe pôs o nome de "Monte Caribata", porque essa província se chama Caribata.

Quinta, 20 de dezembro. – Hoje, ao pôr do sol, entrou num porto entre a ilha de São Tomás e o cabo de Caribata, e ancorou. Existem ali montanhas altíssimas que parecem encostar no céu, e belíssimas, cobertas por árvores verdes; não resta dúvida que são mais altas do que a ilha de Tenerife, nas Canárias, que é considerada das mais altas que se pode encontrar. E viu também vários povoados e as fumaças que faziam.

Sexta, 21 de dezembro. – Hoje foi com os barcos dos navios visitar esse porto; e se impressionou tanto com o que viu que afirma que nenhum se lhe compara, entre todos os que encontrou até hoje. Mandou que dois homens desembarcassem e fossem até a uma elevação para verificar se existia algum povoado. Voltaram e disseram onde haviam visto um, muito grande. O Almirante determinou que se remasse até lá e avistou uns índios que vinham até à beira do mar, e pareciam estar com medo; por isso mandou parar os barcos e pediu aos índios que levava na caravela que falassem com eles, dizendo que ninguém lhes queria fazer mal. Então aproximaram-se mais do mar, e o Almirante mais da terra; e, depois que perderam o medo por completo, vieram em tal quantidade que cobriam a terra, rendendo mil graças, tanto homens como mulheres e crianças; corriam de um lado para outro, a nos trazer pão feito de inhame, água em cabaças e em cântaros de barro de feitio igual aos de Castela, e nos davam de tudo o que tinham e sabiam que o Almirante queria, e com um coração tão grande e tão feliz que era uma maravilha.

Em toda a região há montanhas altíssimas, todas verdes, e no meio delas existem várzeas muito bonitas, e ao pé do porto, ao sul, existe uma, tão grande, que a vista não consegue enxergar até o cabo. De modo que esse porto é ótimo para todos os ventos que possam soprar, fechado, fundo e todo habitado por gente muito boa, mansa e sem armas, boas ou más. Do lado noroeste há três ilhas e um grande rio; é o melhor do mundo; pus-lhe o nome de "Puerto de la Mar de Santo Tomás", porque hoje era seu dia: e disse que é mar por causa da amplidão.

Sábado, 22 de dezembro. – Ao amanhecer, soltou as velas para seguir sua rota em busca das ilhas que os índios diziam que continham muito ouro e de outras, com mais ouro que terra; o tempo não permitiu e viu-se forçado a ancorar de novo, e enviou o barco para pescar com a rede. O cacique dessa terra[32], que morava perto, mandou-lhe, numa canoa grande cheia de gente, um vassalo importante, para rogar que o Almirante fosse com os navios até à sua terra, prometendo dar-lhe tudo o que tivesse. Hoje, antes de partir, enviou seis homens a um povoado bem grande, porque o cacique veio ontem até ao Almirante e disse-lhe que tinha alguns pedaços de ouro. Quando os cristãos chegaram lá, o cacique pegou a mão do escrivão, enviado especialmente pelo Almirante para impedir que se fizessem coisas indevidas com os índios, que

---

32. Era o cacique Guacanagari. (N.E.)

são tão francos, ao contrário dos espanhóis, tão gananciosos e desmedidos, que não se satisfazem com o fato de conseguirem, em troca de uma simples agulha ou um pedaço de vidro, tigela e outras coisas insignificantes, tudo o que quiserem; o pior é quando, sem dar nada aos índios, ainda querem pegar e ficar com tudo, o que o Almirante sempre proíbe. De modo que o cacique pegou a mão do escrivão e o levou até à sua casa em companhia de toda a população, que era muito numerosa, e pediu que comessem, enquanto os índios lhes traziam muitas coisas feitas de algodão e em novelo desfiado. Quando já era tarde, presenteou-os com três gansas bem gordas e uns pedacinhos de ouro e os trouxeram de volta com grande acompanhamento. O Almirante mandou dar-lhe algumas coisas e ele e toda a população ficaram extremamente contentes, acreditando de fato que tinham vindo do céu; e, só de ver os cristãos, consideravam-se bem-aventurados.

Domingo, 23 de dezembro. – Por causa da falta de vento, não pôde partir com os navios para a terra desse cacique que o havia mandado convidar; porém enviou, junto com os três emissários que ali esperavam, os barcos com a tripulação e o escrivão. Enquanto isso, enviou dois dos índios que levava consigo aos povoados que têm por ali perto da paragem dos navios, e ambos voltaram para a nau com outro cacique, trazendo notícias de que nessa ilha Espanhola havia ouro em tal quantidade, a ponto de nela virem comprar de outros lugares. Diz que acha que na mesma hora chegaram à caravela mais de mil pessoas, todas com alguma coisa que possuíam; e que, antes de encostar no navio, a uma distância de meio tiro de balestra, põem-se em pé nas canoas e, mostrando o que trazem, dizem: "Peguem, peguem". Acha também que mais de quinhentas vieram a nado por falta de canoas; e a nau estava ancorada a cerca de uma légua da terra.

De noite os barcos voltaram, dizendo que tinham estado num lugar muito longe dali e que no monte de Caribata haviam encontrado várias canoas cheias de gente que vinha ver o Almirante e os cristãos, e que morava no lugar para onde eles iam. E então todos regressaram com os cristãos para o povoado, que diz que afirmavam ser o maior e mais bem organizado em matéria de ruas que os anteriores descobertos até aqui. Finalmente o cacique surgiu no meio deles e se reuniram na praça, que estava muito bem varrida, como toda a aldeia, e havia mais de dois mil homens. Esse rei prestou muitas homenagens à tripulação dos navios e deu a cada um uns tecidos de algodão que as mulheres locais usam à guisa de roupa e, para o Almirante, papagaios e pedaços de ouro. Já de tarde, quando quiseram despedir-se, o rei implorou que esperassem até ao dia seguinte; no que foi imitado pelo povo. Mas, visto estarem os cristãos decididos, os acompanharam em grande parte do trajeto, trazendo nas costas, até aos barcos, o que o cacique e os outros lhes tinham dado.

Segunda, 24 de dezembro. – Antes de sair do sol, levantou âncora com o vento terral. Entre os diversos índios que ontem haviam vindo à nau, notou um que parecia mais disposto e amigo ou que com mais alegria lhe falava, e adulou-o, pedindo-lhe que fosse embora com ele para mostrar-lhe as minas de ouro. Esse trouxe outro companheiro ou parente consigo, e os dois, entre os demais lugares que indicavam onde se colhia ouro, mencionaram Cipango, a que chamam de "Civao", afirmando que lá existe em grande quantidade.

Terça, 25 de dezembro, dia de Natal. – Navegando ontem com pouco vento a partir do mar de São Tomás até Punta Santa, da qual se manteve a uma légua de distância, esperando que passasse o primeiro quarto, que seria às onze horas da noite, resolveu dormir, pois fazia dois dias e uma noite que ficava o tempo todo em claro. Como reinasse calmaria, o marinheiro que pilotava a nau resolveu ir se deitar, entregando o leme a um grumete, coisa que o Almirante sempre tinha proibido[33]. Quis Nosso Senhor que à meia-noite, tendo eles visto o Almirante se recolher para descansar e a calmaria sendo

---

33. Era o mestre Juan de la Cosa, dono da *Santa Maria*. (N.E.)

absoluta e o mar mais parecendo um espelho, todos se deitaram para dormir, ficando o leme nas mãos daquele rapaz, e as águas que corriam levaram a nau por cima de um dos bancos de areia[34]. O grumete, que sentiu pelo leme e pelo barulho do mar, começou a gritar, sendo acudido pelo Almirante, que agiu tão depressa que ninguém teve tempo de perceber que estavam encalhados. Logo o mestre a quem fora confiada a guarda da nave apareceu; e o Almirante determinou a ele e aos outros que içassem o batel que traziam à popa e pegassem uma âncora e a lançassem também ali, e o mestre, acompanhado por vários marinheiros, saltou no batel, enquanto o Almirante pensava que cumpriam ordens. Mas eles, ao invés, só trataram de fugir para a caravela a barlavento a meia légua de distância. Lá, por questão de lealdade, não quiseram acolhê-los, e por isso voltaram à nau; mas o barco enviado pela caravela chegou primeiro. Quando o Almirante soube que fugiam e que eram da sua tripulação, e que as águas estavam rasas e a nau já imóvel, atravessada sobre o mar, não tendo outro remédio, mandou cortar o mastro e retirar de bordo tudo o que se pudesse, para ver se conseguia desprendê-la; e como as águas ainda continuassem rasas, nada pôde fazer, ficando enviesado sobre o mar. O Almirante foi para a outra caravela buscar refúgio para a tripulação. E como já estivesse soprando uma brisa da terra e também ainda faltasse muito para terminar a noite e não soubessem quanto tempo permaneceriam encalhados, contemporizou à capa até que raiasse o dia e só então voltou à nau pelo interior da restinga do banco. Antes enviou o batel à terra com Diego de Arana, de Córdoba, meirinho da armada, e Pedro Gutiérrez, resposteiro da Casa Real, para comunicar ao cacique que o tinha mandado convidar e pedir que fosse sábado com os navios até o seu porto, cuja aldeia distava cerca de uma légua e meia do referido banco; o qual, quando soube, dizem que chorou e enviou toda a população da aldeia com muitas canoas bem grandes para descarregar tudo o que ainda

---

34. O encalhe deu-se na ilha Espanhola, no local hoje conhecido por baía do Caracol. (N.E.)

estivesse na nau. E assim se fez, descarregando-se o que ficara nos tombadilhos em brevíssimo espaço de tempo, tamanho foi o auxílio e a diligência prestados pelo cacique. E ele mesmo, em pessoa, acompanhado de irmãos e parentes, se encarregou de cuidar da nau e do que era levado para a terra, a fim de que tudo ficasse em segurança. De vez em quando mandava um parente consolar o Almirante, que chorava, dizendo que não se sentisse triste nem aborrecido, que lhe daria de tudo o que tivesse. E também mandou pôr homens armados ao redor da carga, para que velassem a noite inteira.

Quarta, 26 de dezembro. – Hoje, ao nascer do sol, o cacique veio à caravela *Niña*, onde se encontrava o Almirante, e lhe disse quase chorando que não ficasse triste, que lhe daria o que tinha. Enquanto o Almirante falava com ele, surgiu outra canoa de outro lugar, trazendo alguns pedaços de ouro, que queriam trocar por um guizo, que era o que mais cobiçavam. A canoa ainda nem estava a bordo quando chamaram e mostraram os pedaços de ouro, dizendo: "chuque, chuque", imitando os guizos, que estão a ponto de enlouquecer por causa deles. Depois de ter visto isso, e indo embora as canoas que vieram de outros lugares, chamaram o Almirante e lhe imploraram que guardasse um guizo até o dia seguinte, porque lhe trariam quatro pedaços de ouro, cada um do tamanho de uma mão. Ao ouvir isso, o Almirante alegrou-se, e depois um marinheiro que voltou da costa lhe disse que era uma maravilha a quantidade de peças de ouro que os cristãos que estavam em terra trocavam por ninharias.

Quando acabaram de comer, o cacique acompanhou até à praia o Almirante, que mandou buscar um arco turco e um punhado de flechas, e pediu que um homem de seu séquito atirasse com ele; e o cacique, que não sabe manejar armas, porque não conhece nem usa, se mostrou assombrado; embora diga que no início falaram a respeito dos habitantes de Caniba, que chamam de "caribes", que vêm capturá-los, com arcos e flechas sem ferro, que todas essas terras não se lembram de ter visto, nem de aço ou de qualquer outro metal, a não ser ouro e cobre, embora de cobre o Almirante pouco tenha visto. Por meio de gestos, o Almirante disse-lhe que os Reis de Castela mandariam aniquilar os caribes e que dariam ordens para serem presos, de mãos atadas. Fez disparar uma bombarda e uma espingarda, e vendo o efeito causado pelo estrondo e pelo que penetravam, ficou maravilhado. E, quando a população ouviu os tiros, caiu toda no chão. Trouxeram para o Almirante uma grande máscara com bons pedaços de ouro nas orelhas, nos olhos e noutras partes, que ele juntou às outras joias de ouro que o cacique lhe havia posto na cabeça e no pescoço; e também deu muitas aos demais cristãos que o acompanhavam. O Almirante encontrou muito prazer e consolo nas coisas que estava vendo e sentiu diminuir a angústia e o pesar que tinha com a perda da nau, percebendo que Nosso Senhor a havia feito encalhar ali a fim de que pudesse conhecer esse lugar.

"E para isso – diz o Almirante – sobrevieram tantas coisas ao mesmo tempo, que aquilo não foi propriamente um desastre, mas uma grande sorte. Porque não há dúvida que, se não encalhasse, teria passado ao largo sem ancorar neste lugar, que está metido aqui dentro de uma grande baía, com duas ou três restingas de baixios. Nem esta viagem deixaria gente aqui, mesmo que eu quisesse, nem lhes poderia deixar tão bom auxílio, com tantos apetrechos, mantimentos e utensílios de defesa. E é bem verdade que grande parte da tripulação que viaja comigo me havia pedido e implorado para dar-lhes permissão de ficar aqui. Agora determinei que se construísse uma torre e fortaleza[35], tudo muito bem-feito, e uma grande vala, não por acreditar que essa gente precise disso, mas há motivo para se levantar essa torre e se fique como se há de ficar, estando tão longe de Vossas Majestades."

Quinta, 27 de dezembro. – Ao nascer do sol, o cacique veio à caravela e disse ao Almirante que tinha mandado buscar mais ouro e que queria cobri-lo todo com ele antes que se fosse

---

35. Trata-se do Forte Navidad, que meses mais tarde seria inteiramente destruído pelos índios, que mataram os 39 colonos deixados por Colombo. (N.E.)

embora, e até pedia que ficasse; e comeram em companhia do Almirante o cacique, um irmão seu e outro parente muito íntimo, sendo que esses dois últimos disseram que queriam ir junto com ele para Castela.

Sexta, 28 de dezembro. – Para dar ordens e pressa de acabar de fazer a fortaleza à tripulação que iria ocupá--la, o Almirante desembarcou em terra e pareceu-lhe que o cacique o tinha visto ainda no barco, apressando-se a entrar disfarçadamente em casa e enviando um irmão para receber o Almirante e levá-lo a uma das habitações que havia reservado aos marinheiros, a maior e melhor da aldeia. No interior tinham montado um estrado recoberto de palmeiras, onde o fizeram sentar. Depois o irmão enviou um escudeiro avisar ao cacique que o Almirante já estava ali, como se o cacique não soubesse de sua vinda, embora o Almirante achasse que essa dissimulação servia para prestar-lhe muito mais honrarias. Mal o escudeiro avisou, diz que o cacique veio correndo aonde estava o Almirante para lhe pôr no pescoço uma grande placa de ouro que trazia na mão. Ficou ali com ele até tarde, deliberando sobre o que tinham que fazer.

Sábado, 29 de dezembro. – Quando raiou o dia, apareceu na caravela um sobrinho bem jovem do cacique, de muito bom entendimento e bons bofes (como diz o Almirante), e lhe disse que a quatro jornadas daqui há uma ilha ao leste chamada "Guarinoex", além de outras, chamadas "Mocorix", "Mayonic", "Fuma", "Cibao" e "Carcay", onde existe fartura de ouro. O Almirante anotou os nomes, e quando o cacique soube, por um irmão, que o sobrinho lhe tinha contado isso, brigou com ele, segundo pôde entender o Almirante. E também entendeu que o rei se empenhava para que continuasse a ignorar onde nascia e era colhido o ouro, para que não fosse buscá-lo.

Domingo, 30 de dezembro. – O Almirante saiu para comer em terra e chegou a tempo de assistir à chegada de cinco caciques subordinados ao local, que se chamava Guacanagari, todos com seus penachos. Ao descer em terra, o cacique veio receber o Almirante e levou-o de braço para a mesma casa de ontem, onde tinha um estrado e cadeiras para o Almirante sentar; e logo tirou o cocar da cabeça e colocou-o na do Almirante, que arrancou do pescoço um colar de boas cornalinas e miçangas muito bonitas, de cores lindíssimas, e pôs no pescoço dele, e se desfez de um fino manto escarlate que havia vestido neste dia, e colocou nos ombros do chefe, e aí mandou buscar umas botinas de cor que mandou que calçasse, enfiando-lhe no dedo um grande anel de prata. Ficou todo alegre, e contentíssimo, e dois daqueles caciques que estavam com ele vieram até ao Almirante e lhe entregaram duas grandes placas de ouro que traziam consigo.

Segunda, 31 de dezembro. – Hoje se ocupou em mandar buscar água e lenha para a partida para a Espanha, para logo pedir aos Reis que enviassem navios para descobrir o que faltava; pois como tivesse ficado com um só navio, não lhe parecia razoável expor-se aos perigos que poderiam sobrevir durante a descoberta. E queixou-se, dizendo que todo aquele mal e inconveniente se devia a ter-se afastado da caravela *Pinta*.

Terça, 1º de janeiro de 1493. – À meia-noite despachou um barco para que fosse à ilhota Amiga buscar ruibarbo, de que lhe haviam falado, que lança uns raminhos para fora da terra e uns frutos que parecem amoras verdes quase secas, e dentro da terra cria uma raiz que nem uma grande pera. Regressou à hora de vésperas com um alforje cheio: levou-o para mostrar aos soberanos. A canoa do marinheiro que tinha ido à procura da *Pinta* voltou sem ter encontrado nada. O marinheiro contou que a vinte léguas dali tinha visto um chefe que usava na cabeça duas grandes placas de ouro e que mal os índios que iam na canoa falaram com ele, tirou-as, e que também viu muito ouro em outras pessoas. O Almirante achou que o cacique Guacanagari decerto tinha proibido a venda de ouro aos cristãos para que tudo passasse por suas mãos.

Quarta, 2 de janeiro. – Saiu de manhã para a terra a fim de se despedir do cacique Guacanagari e partir em nome do Senhor. Deu-lhe de presente uma túnica sua e mostrou-lhe a força e o efeito que causavam as bombardas. Provocou também uma escaramuça entre a tripulação armada dos navios, pedindo ao cacique para que não tivesse medo dos caribes, mesmo que viessem. Diz o Almirante que fez tudo isso para que sentisse amizade pelos cristãos que deixava e para lhe infundir medo e temor. E levou-o para comer, junto com os outros que o acompanhavam, na casa onde estava instalado. E da tripulação que ficaria ali, recomendou-o muito a Diego de Arana, Pedro Gutiérrez e Rodrigo Escovedo, que seriam seus representantes. Tomou o barco com a intenção de partir imediatamente, mas o vento não permitiu.

Nessa ilha Espanhola, que os índios dizem que se chama "Bohio", deixou trinta e nove homens na fortaleza, muito amigos do cacique Guacanagari e, tendo autoridade sobre eles, como seus representantes, Diego de Arana, natural de Córdoba, Pedro Gutiérrez, incumbido de armar estrados para El-Rei, criado do dispenseiro-mor, e Rodrigo de Escovedo, natural de Segóvia, sobrinho de frei Rodrigo Pérez, com todos os poderes que os Soberanos lhe tinham delegado. Deixou-lhes todas as mercadorias que os Reis mandaram comprar para as trocas, e que eram muitas, para que as negociassem por ouro, com tudo o que trazia a nau. Deixou-lhes também pão de biscoito para um ano, vinho e muita munição, e o barco da nau para que eles, na maioria marinheiros, fossem, quando vissem que lhes convinha, descobrir as minas de ouro, e um lugar onde se fundasse uma aldeia, porque aquilo ali não era porto de seu agrado. Deixou-lhes também sementes para plantar, e seus oficiais, escrivão e meirinho, e um carpinteiro de naus e calafate, e um bom bombardeiro, que entende bem de máquinas, e um tanoeiro, um físico e um alfaiate, e diz que todos são bons conhecedores do mar.

Quinta, 3 de janeiro. – Não partiu hoje porque diz que ontem à noite vieram índios das ilhas querendo ir junto, avisando que outros chegariam com suas mulheres ao raiar do dia. O mar também estava meio agitado e o barco não pôde ficar na margem; decidiu partir amanhã, com a graça de Deus. Disse que, se tivesse consigo a caravela *Pinta*, com certeza levaria um tonel[36] de ouro, porque então ousaria seguir pelas costas dessas ilhas, o que não se arriscava a fazer sozinho, para que não lhe sucedesse alguma inconveniência que impedisse sua volta a Castela e o relatório que devia entregar aos Soberanos sobre todas as coisas que tinha descoberto. E, se fosse verdade que a caravela *Pinta* tivesse chegado em segurança na Espanha com Martín Alonso Pinzón, disse que não deixaria de fazer o que pretendia; mas como não sabia notícias dele, e porque se estiver lá poderá contar mentiras aos Soberanos, para que não lhe imponham a pena que merecia por tantos males que cometera e cometia ao afastar-se sem licença, prejudicando o transporte de bens que se poderiam levar e descobrir desta vez, diz o Almirante, confiava que, se Nosso Senhor lhe desse bom tempo, se poderia arrumar tudo.

Sexta, 4 de janeiro. – Ao raiar do dia, levantou âncora com pouco vento e o barco à proa. Navegou assim a leste, rumo a um morro bem alto que dava impressão de ser ilha, mas não era, porque tem uma parte de terra muito baixa, em forma de belíssimo pavilhão de campanha, que denominou de "Monte Cristi". Neste dia, por causa da escassez de vento, não conseguiu fazer seis léguas e chegar ao Monte Cristi. Deu a volta ao mar para afastar-se dos vários baixios e restingas que tem por lá, onde ficou a noite inteira. O Almirante avisa a quem quiser ir até à Aldeia de la Navidad, ou conhecer Monte Cristi, para se manter no mar a uma distância de duas léguas.

Sábado, 5 de janeiro. – Quando o sol já queria sair, soltou velas com o terral. Depois de Monte Cristi, ao leste, viu um cabo a vinte e quatro milhas, que chamou de "Cabo del Becerro". Depois avistou, a leste, uma terra que parecia

---

36. Tonel, antiga medida de capacidade, maior que a tonelada. (N.T.)

outro morro, regulando com o Cristi em tamanho e beleza. E dali, à quarta do leste a nordeste, não se diria tão alta, e distaria mais ou menos cem milhas.

Domingo, 6 de janeiro. – Depois do meio-dia ventou forte do leste. Mandou um marinheiro subir no alto do mastro para olhar os baixios, e viu aproximar-se a caravela *Pinta* com a popa a leste, e chegou até ao Almirante; e como não tinha onde ancorar nas águas rasas, voltou a Monte Cristi, retrocedendo as dez léguas que percorrera, e a *Pinta* com ele. Veio Martín Alonso Pinzón à caravela *Niña*, onde viajava o Almirante, para se desculpar, dizendo que tinha se afastado dele sem sua determinação, oferecendo razões para isso; mas o Almirante afirma que eram todas falsas, e que havia desaparecido naquela noite em que se afastara dele com muita presunção e cobiça, e que não sabia (diz o Almirante) de onde lhe tinham vindo as arrogâncias e a desonestidade que usara com ele nessa viagem, as quais o Almirante quis dissimular, para não dar ensejo às más obras de Satanás, que desejava impedir essa viagem como até então fizera, mas que um índio, dos que o Almirante lhe havia encomendado, lhe informara que numa ilha chamada "Baneque" existia muito ouro, e como tinha o navio leve e veloz, quis se afastar e ir sozinho, abandonando o Almirante. Depois que Martín Alonso foi até à ilha Baneque, diz que não encontrou ouro nenhum, e que se veio até à costa da Espanhola foi por informação de outros índios, que lhe afirmaram que nessa ilha, que chamam de "Bohio", existiam grande quantidade de ouro e muitas minas, e por esse motivo chegou muito perto da Aldeia de la Navidad.

Segunda, 7 de janeiro. – Hoje fez tirar a água que estava entrando na caravela e os marinheiros foram buscar lenha, e diz que encontraram muitas aroeiras e aloés.

Terça, 8 de janeiro. – Por causa do vento leste e sudeste, que soprava hoje muito forte, não partiu e por isso mandou que se guarnecesse a caravela de água e lenha e de tudo o que fosse necessário para o resto da viagem, embora tivesse vontade de costear todo o contorno dessa ilha Espanhola, percorrendo a rota que pudesse. Convém, porém, saber que os comandantes que colocou nas caravelas eram irmãos, Martín Alonso Pinzón e Vicente Yánez. E muitos outros que o seguiam com arrogância e cobiça, julgando que tudo lhes pertencia, sem levar em conta a honra que o Almirante lhes havia feito e dado, não haviam obedecido e não obedeciam as suas ordens; pelo contrário, faziam e diziam muitas coisas que não deviam contra ele, sendo que Martín Alonso desapareceu desde o dia 21 de novembro até 6 de janeiro sem nenhuma causa ou motivo, apenas por desobediência. E tudo isso o Almirante havia sofrido em silêncio para levar a viagem a bom termo. Assim que, para se afastar de tão má companhia, com quem diz que cumpria disfarçar, embora fosse gente desregrada (e afirma que leva consigo muitos homens de bem, mas que não era hora de tratar de castigo), resolveu voltar e não parar mais, com a maior pressa que lhe fosse possível. Entrou no barco e foi até ao rio, que fica ali ao lado, para o sul-sudoeste do Monte Cristi uma grande légua, aonde os marinheiros iam buscar água para o navio, e descobriu que a areia da foz do rio era diz que toda cheia de ouro e em tal quantidade que a gente se maravilhava. Deu ao rio o nome de "Río del Oro". Diz mais o Almirante: que não quis pegar a dita areia que continha tanto ouro, pois Suas Majestades já tinham tudo em casa e às portas de sua Aldeia de la Navidad, e sim apressar-se a levar-lhes as notícias e livrar-se da má companhia que tinha e que, como sempre havia dito, era gente desregrada.

Quarta, 9 de janeiro. – À meia-noite levantou as velas com o vento sudeste e navegou para o lés-nordeste; chegou a uma ponta que chamou de "Punta Roja". E a seu abrigo ancorou à tarde, que seriam umas três horas antes do anoitecer. Nessa terra toda há muitas tartarugas, que os marinheiros capturaram em Monte Cristi, quando vinham desovar em terra, e eram enormes, feito grandes escudos de madeira. Ontem, quando o Almirante ia ao Río del Oro, diz que viu três sereias que saltaram bem alto, acima do mar, mas não eram tão bonitas como pintam, e que, de certo modo, tinham cara de homem.

Quinta, 10 de janeiro. – Saiu de onde havia ancorado, e ao pôr do sol chegou a um rio, que denominou de "Río de Gracia". No seu interior é bom porto fechado, só que com muita neblina, e dali tinha partido a caravela *Pinta*, comandada por Martín Alonso, muito maltratada, porque diz que passou aí dezesseis dias, quando trocaram muito ouro, que era o que Martín Alonso queria. O qual, depois que soube pelos índios que o Almirante estava na costa da mesma ilha Espanhola e que não podia errar de direção, veio ao seu encontro. E diz que queria que toda a tripulação do navio jurasse que não haviam ficado ali mais que seis dias. Mas diz que a sua maldade era tão notória que não dava para disfarçar.

Sexta, 11 de janeiro. – À meia-noite saiu do Río de Gracia com o terral; navegou quatro léguas a leste, até chegar a um cabo que chamou de "Belprado"; e de lá a sudeste está o morro que denominou "del Plata". Logo avistou o cabo que cognominou "del Angel". Esse cabo dista quatro léguas de uma ponta que chamou "del Hierro", e na mesma rota, a quatro léguas, existe outra que recebeu o nome de "Punta Seca"; e dali, pela mesma rota, a seis léguas mais além, fica o cabo que chamou de "Redondo"; e de lá, para o leste, se encontra o cabo "Francés". A uma légua dali fica o "Cabo del Buen Tiempo"; desse, ao sul quarta do sudeste, há um cabo que chamou de "Talhado". Hoje fez um grande percurso, porque o vento e as correntes lhe foram favoráveis.

Sábado, 12 de janeiro. – Faltando um quarto para amanhecer, navegou ao leste e andou assim até o raiar do dia. Dali avistou terra ao sul e dirigiu-se para lá; viu um cabo que chamou de "do Pai e do Filho", porque na ponta do lado leste tem dois promontórios, um maior do que o outro. Prosseguiu em sua rota até deparar com o cabo bem alto e muito bonito, todo talhado de pedra, ao qual deu o nome de "Apaixonado", o qual se situava a leste de um porto muito amplo, que denominou de "Sagrado", e logo descobriu outro, belíssimo.

Domingo, 13 de janeiro. – Não conseguiu sair desse porto por falta de terral que lhe permitisse sair. Enviou o barco à terra, numa bonita praia, para que buscassem alhos para comer, e encontraram alguns homens com arcos e flechas, com os quais se pararam a conversar, e lhes compraram dois arcos e várias flechas, pedindo a um deles que fosse falar com o Almirante na caravela; e ele veio, e diz que era bem disforme de semblante, mais que os outros até agora vistos. Tinha o rosto todo tisnado de carvão, ao passo que em todos os lugares costumam pintar-se de várias cores. Usava os cabelos bem compridos, apertados e amarrados na nuca, e depois presos por uma redinha de penas de papagaio, e andava nu como os demais. O Almirante achou que deviam ser um dos caribes, que são antropófagos[37]. Mandou dar-lhe comida e o presenteou com pedaços de pano verde e vermelhos e miçangas, de que gostam muito, e tornou a enviá-lo à terra, pedindo-lhe que trouxesse ouro, se houvesse, no que acreditava, a julgar por algumas coisas que usava. Ao chegar o barco à terra, cerca de 55 homens nus estavam atrás das árvores, com os cabelos bem compridos, tal como as mulheres usam em Castela. Presos à nuca traziam penachos de penas de papagaio e de outros pássaros e cada um empunhava o seu arco. O índio mal-encarado desembarcou e fez com que os outros largassem arcos e flechas, e um pedaço de pau que parece um (...)[38], bem pesado, que utilizam no lugar da espada. Depois aproximaram-se do barco e a tripulação saltou em terra e começou a comprar-lhes os arcos, as flechas e as outras armas, tal como o Almirante tinha recomendado. Vendidos dois arcos, não quiseram trocar mais nada; em vez disso, se prepararam para investir contra os cristãos e prendê-los. Foram correndo pegar seus arcos e flechas onde os tinham guardados e voltaram com cordas nas mãos para, segundo parece, amarrar os cristãos. Vendo que vinham em sua direção, estando já os

---

37. Não eram canibais, como julgou Colombo. Tratava-se de índios Ciguaios, que habitam as serras da ilha Espanhola. (N.E.)

38. Em branco, no original. (N.E.)

cristãos prevenidos, porque o Almirante sempre alertava sobre esse risco, investiram contra eles, desfechando uma grande punhalada nas nádegas de um índio, e abrindo no peito de outro uma espécie de flechada, quando os agressores que tinham poucas possibilidades de sair vencedores, embora os cristãos fossem apenas sete e eles cinquenta e tantos, saíram fugindo até não restar mais nenhum, deixando as flechas e os arcos caídos por tudo quanto é lado[39]. Diz que os cristãos teriam matado uma porção, se o piloto que os chefiava não impedisse. Regressaram logo à caravela com seu barco e, informado o Almirante do ocorrido, disse que por um lado lhe causava dó e por outro não, pois é bom que sintam medo dos cristãos, porque sem dúvida (diz ele) consta que o povo desse lugar é malfeitor. E acreditava que fossem do Caribe e antropófagos, de modo que, se aparecesse por ali o barco que deixou com os trinta e nove homens na fortaleza e Aldeia de la Navidad, ficassem com medo de lhes fazer mal.

Segunda, 14 de janeiro. – Esta noite queria enviar emissários para revistar as casas e capturar alguns daqueles índios, crendo que fossem caribes, e para aproveitar o forte leste e nordeste que soprava e as ondas grandes levantadas pelo mar; mas, já de dia, viram muitos índios na praia, e por isso o Almirante mandou que o barco fosse até lá levando tripulantes bem armados; e logo todos se aproximaram da popa do barco, tendo à frente o índio que na véspera tinha vindo à caravela e o Almirante lhe havia dado presentes. Com ele diz que estava um cacique, que havia dado ao mesmo índio umas miçangas para que oferecesse aos do barco em sinal de confiança e de paz. Esse cacique, com três vassalos, entrou no barco e os quatro se dirigiram à caravela. O Almirante mandou dar-lhes biscoito com mel e presenteou o cacique

---

39. O primeiro confronto entre brancos e índios na América. Um ano mais tarde, ocorreria o massacre dos 39 colonos que Colombo deixara no Forte Navidad. Em 1552, segundo frei Bartolomé de Las Casas – cujo relato foi publicado pela L&PM –, praticamente toda a população indígena de Espanhola já fora exterminada pelos espanhóis. (N.E.)

com um gorro vermelho e miçangas, dando aos outros também pedaços de pano. O cacique então disse que amanhã vai trazer uma máscara de ouro, afirmando que ali existia muito, assim como no Caribe e em Matinino[40]. Depois voltaram bem contentes para a terra. Diz mais o Almirante: que as caravelas vazam muita água pela quilha e queixa-se muito dos calafates que em Palos as calafetaram muito mal e que, quando viram que o Almirante havia percebido o defeito de sua obra e quis obrigá-los a consertá-la, fugiram; mas, não obstante a grande quantidade de água que entrava nas caravelas, confia em Nosso Senhor, que o trouxe até aqui e com sua piedade e misericórdia há de levá-lo de volta, que bem sabia Sua Augusta Majestade quanta controvérsia teve que enfrentar antes que pudesse partir de Castela, que ninguém foi mais a seu favor do que Ele, porque Ele conhecia o seu coração, e, depois de Deus, Suas Majestades; todos os demais se mostraram contrários sem o menor motivo. E ainda diz mais, assim: "... e foram a causa da Coroa Real de Vossas Majestades não ter cem contos de renda a mais do que a que tem depois que vim servir-vos, que agora farão sete anos nos vinte dias de janeiro deste mesmo mês, e mais o que será doravante acrescentado. Mas Deus poderoso certamente haverá de remediar tudo isso". Foram essas as suas palavras.

Terça, 15 de janeiro. – Diz que quer partir porque já não vê nenhuma vantagem em se demorar, por terem passado aqueles transtornos (deve estar referindo-se ao escândalo dos índios). Diz também que hoje ficou sabendo que toda a força do ouro se concentra na região da Aldeia de la Navidade, pertencente a Suas Majestades, e que na ilha de Caribe e em Matinino há muito cobre, apesar que será difícil em Caribe, pois consta que a população é antropófaga. Dali podia-se avistar a ilha deles e estava decidido a ir até lá, pois fica no caminho, e à de Matinino (que aquele índio lhe disse que era uma ilha toda povoada por mulheres sem homens), e ver tanto

---

40. Matinino é a atual ilha Martinica. (N.E.)

uma como outra, para capturar, diz, alguns deles. O Almirante enviou o barco à terra, mas o cacique local não havia aparecido, porque diz que o povoado fica longe; mas enviou sua coroa de ouro, como tinha prometido, e apareceram muitos outros homens com algodão e com pão de alho, todos de arco e flecha em punho. Depois que trocaram tudo, vieram quatro jovens à caravela; e pareceu ao Almirante que conheciam perfeitamente todas as ilhas que ficavam ao leste, no mesmo caminho que pretendia seguir, a tal ponto que resolveu levá-los consigo para Castela. Ali diz que não havia ferro nem qualquer outro metal que se tivesse visto, embora não se possa conhecer direito uma terra em poucos dias, tanto pela dificuldade da língua, que o Almirante não entendia, comunicando-se com eles por gestos, como também porque não sabiam o que ele pretendia em tão pouco tempo. Diz que os arcos dessa gente eram do tamanho dos da França e Inglaterra; as flechas são iguais às lanças dos outros habitantes que encontrara até então, feitas dos talos de cana-de-açúcar quando estão germinando, que ficam bem retos e do comprimento de uma vara e meia ou duas, e depois põem no cabo um pedaço de pau pontiagudo de um palmo e meio, e em cima desse pauzinho alguns engastam um dente de peixe e outros um pouco de erva, e não atiram como em outros lugares, a não ser de uma certa maneira que não pode provocar ferimentos graves. Ali havia algodão em quantidade, bem fino e longo, e muitas aroeiras, além de ouro e cobre. Tem também muito pimentão, que é a pimenta local, superior à nossa, e todo mundo só come com ele, que acham muito saudável: daria para se carregar cinquenta caravelas por ano só nessa Espanhola. Diz que encontrou muita erva nessa baía, igual à que acharam no Golfo quando vinha para o descobrimento, e por isso acredita que existam ilhas ao leste até em linha reta a partir do lugar onde começou a achá-las; pois tem certeza de que essa erva nasce em águas rasas junto à terra, e diz que, se for assim, estas Índias estão muito próximas das Canárias, e por esse motivo acredita que não distem mais de quatrocentas léguas.

Quarta, 16 de janeiro. – Partiu três horas antes de amanhecer do Golfo que denominou "das Flechas", primeiro com vento terral, depois com vento oeste, levando a proa ao leste quarta do nordeste para ir diz que à ilha de Caribe, onde se encontra a população de quem todas essas ilhas e terra tanto medo demonstram, pois consta que com inúmeras canoas percorrem todos estes mares, comendo os homens que conseguem capturar. A rota diz que lhe havia sido mostrada por uns índios, daqueles quatro que pegou ontem no Porto das Flechas. Depois de ter percorrido, a seu ver, setenta e quatro milhas, os índios indicaram que a ilha ficava a sudeste: quis seguir por esse caminho e mandou temperar as velas; e, depois de ter percorrido duas léguas, o vento refrescou, ficando muito bom para ir para a Espanha. Notou que a tripulação começou a entristecer por desviar-se do caminho em linha reta, por causa da quantidade de água que entrava em ambas caravelas, e por não terem nenhum remédio, a não ser o da Providência Divina. Teve que deixar a rota que achava que conduzia à ilha e voltou ao rumo em linha reta para a Espanha, e assim andou até o pôr do sol quarenta e oito milhas, o que vem a dar doze léguas. Os índios lhe disseram que por essa via acharia a ilha de Matinino, e o Almirante bem que gostaria para levar diz que cinco ou seis dessas mulheres aos Reis; mas duvidava que os índios conhecessem direito a rota, e não podia demorar-se, pelo perigo da água que entrava nas caravelas; mas diz que era certo que existiam, e que a determinada altura do ano apareciam por ali homens da ilha de Caribe, e assim, se elas pariam filhos, mandavam para a ilha dos homens, e se fossem meninas, deixavam para se criarem por lá mesmo.

Depois de perder de vista o cabo que chamou de "São Téramo", na ilha Espanhola, percorreu doze léguas a oeste quarta do nordeste. Fazia então muito bom tempo.

Quinta, 17 de janeiro. – Ontem, ao pôr do sol, o vento diminuiu bastante; deve ter andado catorze ampulhetas, cada uma tendo meia hora ou pouco menos, até ao render do primeiro quarto; e deve ter percorrido quatro milhas por hora, o que equivale a vinte e oito. Depois o vento aumentou e andou assim todo aquele quarto, que deu dez ampulhetas; e depois mais seis, até o nascer do sol, a oito milhas por hora; assim deve ter percorrido oitenta e quatro milhas ao todo, o que equivale a vinte e uma léguas a nordeste quarta de leste, e até ao pôr do sol percorreria mais de quarenta e quatro milhas, o que vem a dar onze léguas a leste. Aí apareceu um alcatraz na caravela e depois outro, e viu muitas algas, do tipo que surge no mar.

Sexta, 18 de janeiro. – Navegou com pouco vento esta noite, acontecendo o mesmo depois do nascer do dia. Apareceram algas esparsas na superfície do mar; diz, porém, que ontem e hoje as águas estiveram apinhadas de atum, e o Almirante achou que dali decerto iam parar nas almadrabas do Duque de Conil e de Cádiz. Por uma ave que se chama *rabiforcada,* que andava em volta da caravela e depois desapareceu rumo ao sudeste, o Almirante achou que havia ilhas por lá. E a lés-oeste da ilha Espanhola disse que ficavam as ilhas de Caribe e de Matinino, além de muitas outras mais.

Sábado, 19 de janeiro. – Hoje de noite percorreu cinquenta e seis milhas ao norte quarta do nordeste e sessenta e quatro ao nordeste quarta do norte. Depois que o sol raiou, navegou a nordeste, devendo ter percorrido oitenta e quatro milhas. Viu o mar coalhado de pequenos atuns; houve pelicanos, rabos-de-palha e alcatrazes.

Domingo, 20 de janeiro. – O vento se acalmou esta noite, de vez em quando soprava ainda de leve, permitindo que percorresse ao todo vinte milhas a nordeste. Viu uma infinidade de pequenos atuns; diz que o ar é muito doce e suave, como em Sevilha por volta de abril ou maio, e o mar, segundo ele, sempre bem liso, graças a Deus. Alcatrazes, pintarroxos e muitas outras aves apareceram.

Segunda, 21 de janeiro. – Ontem, já com o sol posto, deve ter feito oito milhas por hora até à meia-noite, o que daria cinquenta e seis milhas. Depois andou a nor-nordeste a oito milhas por hora, completando assim, em toda a noite, cento e quatro milhas. Ao amanhecer, navegou a nor-nordeste, com o mesmo vento leste, e andou oitenta e oito milhas em onze horas que tinha o dia, o que equivale a vinte e uma léguas, descontando uma que perdeu porque encostou na caravela *Pinta* para falar com o comandante. Achou o ar mais frio e pensa, segundo diz, que vai tornar-se cada vez mais frio à medida que se aproximarem do norte, e também por serem as noites mais longas devido ao estreitamento da esfera. Apareceram vários rabos-de-palha, pintarroxos e outras aves; mas não tantos peixes, diz que por ser a água mais fria. Viu uma porção de algas.

Terça, 22 de janeiro. – Ontem, já com o sol posto, navegou a nor-nordeste com vento leste, impelido de sudeste; fez oito milhas por hora até se passarem cinco ampulhetas, e três antes que se iniciasse a guarda, o que equivalia a oito ampulhetas. De modo que percorreram setenta e duas milhas, o que vem a dar dezoito léguas. Depois andou à quarta do nordeste a norte seis ampulhetas, o que daria outras dezoito milhas. E quatro ampulhetas da segunda guarda a nordeste, seis milhas por hora, o que equivale a três léguas a nordeste. E, até o raiar do dia, a lés-nordeste onze ampulhetas, seis milhas por hora. Depois a lés-nordeste, até às onze horas da manhã, trinta e duas milhas. E assim diminuiu o vento e não navegou mais. Os índios nadaram. Viram rabos-de-palha e muitas algas.

Quarta, 23 de janeiro. – Esta noite houve muitas mudanças nos ventos; considerando tudo e levando em conta as precauções que os bons marinheiros costumam e devem tomar, diz que percorreu durante a noite oitenta e quatro milhas, o que vem a dar vinte e uma léguas. Muitas vezes tinham que esperar pela caravela *Pinta*, que andava mal de bolina, recorria pouco à mezena, porque o mastro não prestava; e diz que se o seu comandante, Martín Alonso Pinzón, tivesse tido o cuidado de se munir de um bom mastro nas Índias, onde havia tantos de tudo quanto era espécie, com a mesma cobiça com que se afastara dele, pensando em abarrotar de ouro o navio, estaria em melhor situação.

Surgiram vários rabos-de-palha e muitas algas; o céu esteve completamente nublado todos estes dias; mas não havia chovido e o mar mantinha-se sempre bem liso, feito um rio, graças a Deus. Depois que o sol saiu, percorreu, sem impedimento, a nordeste boa parte do dia, trinta milhas, o que vem a dar sete léguas e meia, e depois o resto andou a lés-nordeste outras trinta, o que equivale a sete léguas e meia.

Quinta, 24 de janeiro. – Navegou esta noite toda, considerando as diversas mudanças de vento a nordeste, quarenta e quatro milhas, o que equivale a onze léguas. Do raiar do dia até o pôr do sol, percorreu catorze léguas a lés-nordeste.

Sexta, 25 de janeiro. – Navegou hoje, a lés-nordeste, uma parte da noite, que representou treze ampulhetas, nove léguas e meia; depois, andou a nor-nordeste outras seis milhas.

Tendo feito sol o dia todo, porque diminuiu o vento, andou vinte e oito milhas a lés-nordeste. Os marinheiros mataram uma toninha e um enorme tubarão, e diz que foi mesmo preciso, porque as únicas coisas que ainda tinham para se alimentar eram pão e vinho e alhos das Índias.

Sábado, 26 de janeiro. – Hoje à noite andou cinquenta e seis milhas a leste. Depois que amanheceu, navegou às vezes a lés-oeste e às vezes a sudeste; percorreu quarenta milhas até às onze horas da manhã. Depois andou à relinga vinte e quatro milhas a norte.

Domingo, 27 de janeiro. – Ontem, depois do pôr do sol, fez cinco milhas por hora e, em treze horas, andou sessenta e cinco. Depois que amanheceu, percorreu vinte e quatro milhas a nordeste e daí até o pôr do sol andou três léguas a lés-nordeste.

Segunda, 28 de janeiro. – Navegou a noite inteira a lés-nordeste e percorreu trinta e seis milhas. Depois de raiar o dia, andou até à hora do pôr do sol vinte milhas a lés-nordeste. Achou o clima temperado e brando. Viu rabos-de-palha, pintarroxos e algas em profusão.

Terça, 29 de janeiro. – Navegou a lés-nordeste e percorreu à noite, com o sul e sudeste, trinta e nove milhas. No dia todo andou oito léguas. Os ares muito temperados, como em abril em Castela; o mar muito liso; peixes que chamam de "dourados" vieram a bordo.

Quarta, 30 de janeiro. – Durante a noite toda percorreu sete léguas a lés-nordeste. De dia navegou treze léguas e meia ao sul. Viu rabos-de-palha, muitas algas e toninhas.

Quinta, 31 de janeiro. – Hoje de noite navegou trinta milhas ao norte e depois trinta e cinco ao nordeste. Ao amanhecer, percorreu treze léguas e meia ao lés-nordeste. Viram rabos-de-palha e pintarroxos.

Sexta, 1º de fevereiro. – Esta noite percorreu dezesseis léguas e meia ao lés-nordeste. De dia andou vinte e nove léguas e um quarto na mesma direção; o mar estava bem liso, graças a Deus.

Sábado, 2 de fevereiro. – Andou quarenta milhas ao lés-nordeste nesta noite. De dia, com o mesmo vento pela popa, fez sete milhas por hora; de maneira que, em onze horas, andou setenta e sete milhas; o mar continuou bem liso, graças a Deus, e os ares muito suaves. Viram as águas tão atulhadas de algas que, se não tivessem visto, temeriam que fossem baixios. Avistaram pintarroxos.

Domingo, 3 de fevereiro. – Nesta noite, indo a popa com o mar bem liso, graças a Deus, navegaram vinte e nove léguas. Apareceu-lhe a estrela do Norte, muito alta, como no Cabo de São Vicente. Não pôde calcular a altura com o astrolábio nem com o quadrante, porque a onda não permitia. De dia se manteve na rota, ao lés-nordeste, e fez dez milhas por hora, e assim, em onze horas, andou umas vinte e sete léguas.

Segunda, 4 de fevereiro. – Esta noite navegou ao leste quarta do nordeste; uma parte fez doze milhas por hora e outra dez, e assim percorreu cento e trinta milhas, o que vem a dar trinta e duas léguas e meia. O céu esteve muito nublado e chuvoso e fez bastante frio, e por isso diz que percebeu que não tinha chegado à ilha dos Açores. Com o sol já alto, mudou de rumo e dirigiu-se para o leste. Andou, durante o dia inteiro, setenta e sete milhas, o que equivale a dezenove léguas e um quarto.

Terça, 5 de fevereiro. – Esta noite navegou ao leste; andou ao todo cinquenta e quatro milhas. Durante o dia fez dez milhas por hora, e assim, em onze horas, completou cento e dez milhas. Viram pintarroxos e gravetos, sinal de que estavam perto de terra.

Quarta, 6 de fevereiro. – Navegou ao leste durante a noite; fez onze milhas por hora. Em treze horas noturnas percorreu cento e quarenta e três milhas. De dia fez catorze milhas por hora e assim, ao todo, navegou cento e cinquenta e quatro milhas; de maneira que foram, entre dia e noite, setenta e quatro léguas, mais ou menos. Vicente Yánez disse hoje de manhã que a ilha das Flores ficava ao norte e a da Madeira a leste. Roldán opinou que a ilha do Faial ou a de São Gregório estava ao nor-nordeste e o Porto Santo a leste. Apareceu uma porção de algas.

Quinta, 7 de fevereiro. – Navegou esta noite a leste; fez dez milhas por hora e assim, em treze horas, percorreu cento e trinta milhas. De dia, oito milhas por hora; em onze horas, oitenta e oito milhas. Hoje de manhã o Almirante estava a sessenta e cinco léguas de distância ao sul da ilha das Flores, e o piloto Pedro Alonso, indo para o norte, passava entre a Terceira e a de *Santa Maria*, e a leste passava a barlavento da ilha da Madeira, a doze léguas do lado norte. Os marinheiros viram um tipo de alga diferente da anterior, da qual existe muito na ilha dos Açores. Depois apareceu outra vez da anterior.

Sexta, 8 de fevereiro. – Esta noite fez, durante certo tempo, três milhas por hora rumo a leste, e depois andou à quarta de sudeste; percorreu a noite inteira doze léguas ao todo. Ao amanhecer, andou vinte e sete milhas até o meio-dia; depois, até o pôr do sol, outras tantas.

Sábado, 9 de fevereiro. – Uma parte desta noite andou três léguas ao sul-sudeste: depois ao sul quarta do sudeste; depois ao nordeste, até às dez horas da manhã, outras cinco léguas, e depois, até à noite, andou nove léguas ao leste.

Domingo, 10 de fevereiro. – Depois do pôr do sol navegou cento e trinta milhas ao leste a noite inteira; de dia, até escurecer, fez nove milhas por hora, e assim percorreu, em onze horas, cerca de noventa e nove milhas.

Na caravela do Almirante, Vicente Yánez e os pilotos Sancho Ruiz, Pedro Alonso Niño e Roldán marcavam a posição nos mapas e todos, segundo suas cartas geográficas, se localizavam muito adiante das ilhas dos Açores ao leste, e, navegando ao norte, nenhum chegava à ilha de Santa Maria, a última do arquipélago dos Açores. Pelo contrário, estariam cinco léguas à frente, ou se encontrariam na região da ilha da Madeira ou no Porto Santo. Mas o Almirante tinha-se desviado muito do rumo, achando-se bem mais atrás do que eles, porque esta noite a ilha das Flores lhe ficava ao norte, e a leste ia à procura de Nefe, na África, passando a barlavento da ilha da Madeira do lado norte. De forma que estavam cento e cinquenta léguas mais perto de Castela do que o Almirante. Diz que, com a graça de Deus, assim que avistarem terra se saberá quem tem razão. Diz aqui também que antes havia percorrido duzentas e sessenta e três léguas, a partir da ilha do Ferro, antes de aparecerem as primeiras algas etc.

Segunda, 11 de fevereiro. – Durante a noite fez doze milhas por hora, mantendo-se na rota, e assim, ao todo, contou trinta e nove léguas e, durante o dia, navegou dezesseis léguas e meia. Viu muitas aves, deduzindo daí estar próximo à terra.

Terça, 12 de fevereiro. – Navegou a leste a seis milhas por hora a noite inteira e percorreu, até o amanhecer, setenta e três milhas. Aqui o mar começou a se agitar muito e a se formar um temporal; e se a caravela, segundo ele, não fosse muito boa e bem aparelhada, teria medo de se perder. De dia andou onze ou doze léguas, a caro custo e perigo.

Quarta, 13 de fevereiro. – Depois do pôr do sol até clarear o dia, teve grande trabalho com o vento, o mar mui revolto e o temporal; relampejou três vezes a nor-nordeste; disse que era sinal de grande tempestade que teria que vir daquele lado ou do seu contrário. Andou a mastro pelado durante a maior parte da noite; depois soltou um pouco as velas e percorreu cinquenta e duas milhas. De dia o vento diminuiu bastante; mas logo aumentou de novo e o mar ficou terrível e se entrecruzavam as ondas que atormentam os navios. Percorreu cinquenta e cinco milhas.

Quinta, 14 de fevereiro. – À noite o vento aumentou e as ondas eram espantosas, umas de encontro às outras, que se entrecruzavam e dificultavam o avanço do navio, que não podia seguir adiante nem sair do meio delas, para que ao menos conseguisse fugir; andou assim três horas e percorreu vinte milhas. O mar e o vento se intensificavam; e, vendo o perigo grande, começou a navegar à popa, para onde o vento o levasse, pois não havia alternativa. A caravela *Pinta*, onde viajava Martín Alonso, começou então também a navegar, e desapareceu, embora o Almirante tivesse passado a noite inteira a colocar lampiões, sem que o outro respondesse; até que parece que não pôde mais por causa da força do temporal e porque essa caravela se achava muito fora da rota do Almirante[41].

Andou esta noite cinquenta e quatro milhas ao nordeste, quarta de leste. Com o raiar do dia o vento aumentou e o entrecruzar das ondas ficou mais terrível ainda; o papafigo ia sozinho e baixo para que o navio saísse do ponto em que se entrecruzavam, para que não o afundassem. Andava no rumo do lés-nordeste e depois à quarta para o nordeste; navegou seis horas assim e fez nelas sete léguas e meia. O Almirante determinou que se sorteasse um romeiro para ir à Santa Maria de Guadalupe levando um círio de cinco libras de cera e que todos fizessem um voto para que o contemplado cumprisse a promessa; para isso mandou trazer uma quantidade de grãos-de-bico igual ao número de pessoas que viajava no navio, fez com a faca uma cruz num deles, e depois todos misturou dentro de um boné. O primeiro a enfiar a mão foi o próprio Almirante, a quem coube o grão-de-bico marcado, recaindo-lhe assim o compromisso de ir, como romeiro, cumprir a promessa.

Tirou-se outra vez a sorte para escolher um romeiro que fosse à Santa Maria de Loreto, situada na marina de Ancona, terra do Papa, e que é casa onde Nossa Senhora fez e faz muitos e grandes milagres; e ela recaiu sobre um marinheiro de Porto de Santa Maria chamado Pedro de Villa, a quem o Almirante prometeu custear as despesas. Ficou resolvido que se mandaria outro romeiro para velar uma noite em Santa Clara de Moguer, a fim de mandar rezar uma missa. Para isso tornaram a sortear os grãos-de-bico com aquele marcado pela cruz, e a sorte recaiu, mais uma vez, sobre o Almirante. Depois disso, o Almirante e toda a tripulação fizeram promessa de, ao chegar à primeira terra, irem todos de camisola, em procissão, rezar numa igreja dedicada a Nossa Senhora.

Além das promessas gerais ou comuns, cada um fazia outra em particular, pois ninguém contava escapar com vida,

---

41. A tormenta levou a nau de Martín Alonso até o porto de Bayona, na Galícia. (N.E.)

considerando-se todos já como perdidos, por causa da terrível tempestade que enfrentavam. Ajudava a aumentar o perigo o fato de o navio viajar com falta de lastro, por ter-se aliviado da carga, os mantimentos tendo sido consumidos, a água e o vinho bebidos; e o Almirante, por causa do tempo favorável encontrado entre as ilhas, não se lembrou de supri-lo, adiando para mandá-lo lastrar na ilha das Mulheres, aonde pretendia ir. A solução que achou para o problema, quando puderam usá-la, foi a de encher os barris de água e vinho, que traziam vazios, com água do mar; e desse modo salvaram a situação.

Escreve aqui o Almirante as causas que lhe davam receio de que Nosso Senhor não quisesse se fazer sentir e outras que lhe infundiam a esperança de que Deus havia de levá-lo são e salvo para que não perecessem as notícias que queria transmitir aos Soberanos. Parecia-lhe que o grande desejo que tinha de levar essas boas novas, e mostrar que tinha acertado no que havia dito e se comprometido a descobrir, o deixava com o medo enorme de não consegui-lo, e diz que até um mosquito conseguia perturbar e impedir. Atribui isso à sua pouca fé e falta de confiança na Divina Providência. Confortavam-no, em compensação, as graças que Deus lhe concedera ao proporcionar-lhe tantas vitórias, descobrindo o que descobrira e atendendo a todos os seus desejos, depois de ter passado muitas adversidades e aborrecimentos nas antecâmaras administrativas de Castela. E, como antes já tivesse posto o seu objetivo e entregue todo o seu empreendimento nas mãos de Deus, que soubera escutar e ter dado tudo o que lhe pedira, devia acreditar que cumpriria o que tinha começado, levando-o até à salvação. Ainda mais que, depois de tê-lo socorrido na ida, quando maior era o motivo para temer o trabalho de enfrentar os marinheiros e a tripulação que levava, os quais, sem exceção, estavam dispostos a se rebelar e insurgir contra ele, fazendo protestos, e o eterno Deus lhe deu força e valor para enfrentá-los, e outras coisas verdadeiramente maravilhosas que Deus lhe mostrara nesta viagem, além daquelas que Suas Majestades sabiam por pessoas de sua casa; de modo que diz que não deveria temer a dita tormenta. Mas a fraqueza e angústia – diz ele – não me deixavam acalmar a alma. Diz mais, que também sentia muita pena dos dois filhos que estudavam em Córdoba, pois ficariam órfãos de pai e mãe em terra estranha, e os Reis, ignorando os serviços que lhes prestara nessa viagem e as notícias tão auspiciosas que lhes levava, não se disporiam a socorrê-los. Por isso e para que Suas Majestades soubessem como Nosso Senhor lhe concedera vitória em tudo o que desejava nas Índias e, também, que naquelas paragens não existia nenhuma tormenta, o que diz que se pode perceber pelas algas e árvores que nasceram e cresceram até dentro do próprio mar, e para que, se se perdesse com aquela tempestade, os Reis tivessem conhecimento de sua viagem, pegou um pergaminho e nele escreveu tudo o que pôde do que havia encontrado, rogando muito a quem o achasse para entregá-lo aos Reis. Enrolou o pergaminho em pano encerado, muito bem amarrado, mandou buscar um grande barril de madeira e guardou-o ali, sem que ninguém soubesse o que era, só que todos pensaram que fosse alguma devoção; e assim deu ordens para que o jogassem no mar[42]. Depois, com a chuvarada e os trovões, o vento mudou para oeste e andou cinco horas só com o traquete por um mar muito revolto; e duas léguas e meia ao nordeste. Tinha tirado o papafigo da vela maior, de medo que alguma onda do mar o levasse inteiro.

Sexta, 15 de fevereiro. – Ontem, depois do pôr do sol, começou a clarear o céu no lado do oeste, mostrando que a partir daí queria fazer vento. Deu o cutelo à vela maior; as ondas continuavam altíssimas, embora começassem a diminuir. Fez a lés-nordeste quatro milhas por hora e em treze horas noturnas navegaram treze léguas. Depois que amanheceu avistaram terra; apareceu-lhes pela proa, a lés-nordeste; alguns diziam que era a ilha da Madeira, outros pretendiam que fosse a Rocha de Cintra em Portugal, perto de Lisboa. Irrompeu logo o

---

42. Esse documento jamais foi encontrado. Provavelmente perdeu-se no mar e não atingiu nenhuma costa. (N.E.)

vento lés-nordeste, pela proa, e as ondas vinham muito altas, do oeste; entre a caravela e a terra teria umas cinco léguas. O Almirante, a julgar pela sua navegação, achava que estava no arquipélago dos Açores e que aquela era uma das ilhas; os pilotos e marinheiros opinavam que já era terra de Castela.

Sábado, 16 de fevereiro. – Passou a noite inteira procurando um bom ancoradouro nesta terra que já se reconheceu que é uma ilha. Às vezes ia a nordeste, outras a nor-nordeste, até que saiu o sol, quando fez a volta pelo sul para chegar à ilha, que já não enxergavam por causa da densa cerração, e viu pela popa uma outra, a cerca de oito léguas de distância. Ficou da manhã até à noite dando voltas para conseguir aproximar-se da terra com o vento forte e as ondas altas que faziam. Ao rezar a *Salve,* que é na boca da noite, alguns avistaram luz a sotavento, parecendo vir da ilha que ontem avistaram primeiro; e passou a noite inteira a barlavento, aproximando-se o máximo possível para ver se divisava, ao amanhecer, alguma das ilhas. Esta noite o Almirante descansou um pouco, porque desde quarta-feira não podia dormir e ficava com as pernas dormentes por estar sempre desabrigado diante do frio, da água e da má alimentação. Com o raiar do dia, navegou ao sul-sudeste e de noite chegou à ilha. Por causa da grande cerração reinante, não pôde verificar qual era.

Segunda, 18 de fevereiro. – Ontem, depois do pôr do sol, andou rodeando a ilha para ver onde poderia ancorar e falar com alguém. Ancorou com uma âncora que logo perdeu. Tornou a dar vela e permaneceu a barlavento a noite inteira. Ao amanhecer, chegou de novo ao lado norte da ilha e então ficaram sabendo que era Santa Maria, no arquipélago dos Açores, e lhes mostraram o porto onde tinham que pôr a caravela; e a população da ilha afirmou que nunca tinha visto tempestade igual à de quinze dias atrás e que se admiravam que houvessem escapado; e diz que renderam muitas graças a Deus e demonstraram muita alegria ante as notícias de que o Almirante havia descoberto as Índias. Diz o Almirante que aquela sua navegação tinha sido muito acertada e que havia se orientado muito bem; que fossem dadas muitas graças a Nosso Senhor, embora um pouco prematuras. Mas tinha certeza de que se achava na região dos Açores e de que aquela era uma das suas ilhas. E diz que fingiu ter percorrido uma distância maior para desorientar os pilotos e marinheiros que carteavam, a fim de manter-se senhor da rota para as Índias, como de fato conseguiu, porque nenhum deles trazia um rumo certo, motivo pelo qual ninguém pôde ter absoluta certeza dessa rota para as Índias.

Terça, 19 de fevereiro. – Depois do pôr do sol apareceram três homens na margem e chamaram. Enviou-lhes o barco, no qual vieram, com galinha e pão fresco; era dia de Carnaval, e trouxeram outras coisas mandadas pelo comandante da ilha, que se chamava João de Castanheda, dizendo que o conhecia muito e que só por ser de noite não vinha vê-lo; mas que assim que amanhecesse viria com mais doces e bebidas, junto com três homens da caravela que tinham ficado por lá, e que não os enviava por causa do grande prazer que estava tendo em ouvir as coisas acontecidas durante a viagem. O Almirante ordenou que se prestassem várias homenagens aos mensageiros e que lhes aprontassem camas para dormir essa noite, pois já era tarde e o povoado ficava longe. E como na quinta-feira anterior, quando se viu angustiado com o temporal, haviam feito as promessas citadas, de que na primeira terra onde existisse igreja dedicada à Nossa Senhora saíssem de camisola etc., determinou que metade da tripulação fosse cumpri-la numa capelinha situada à beira-mar feito ermida, e que depois ele iria com os restantes. Constatando que era terra segura e confiando na solicitude do comandante e na paz existente entre Portugal e a Espanha, pediu aos três homens que se dirigissem ao povoado e mandassem vir um clérigo para lhes rezar uma missa. Indo os três de camisola, no cumprimento de sua penitência, e estando em oração, sobreveio sobre eles todo o povoado, a pé e a cavalo, chefiado pelo comandante, que prendeu o grupo. Depois, estando o Almirante, sem de nada desconfiar, à espera do barco para também ir cumprir sua promessa com o resto da tripulação, quando já eram onze horas da manhã e, vendo que não voltavam, suspeitou que tivessem ficado retidos ou que o barco houvesse quebrado, pois toda a ilha era cercada por penhascos muito altos. E o Almirante não podia enxergar porque a ermida se achava atrás de uma ponta. Levantou âncora e deu à vela em linha reta até ali, onde avistou vários homens a cavalo, que apearam e entraram armados no barco e vieram até a caravela a fim de prender o Almirante. O comandante levantou-se no barco e pediu garantias ao Almirante: disse que lhe dava; mas que novidade era essa, que não enxergava ninguém de sua tripulação no barco? e acrescentou que viesse e entrasse na caravela, que faria tudo o que quisesse. O Almirante pretendia atraí-lo com boas palavras para depois prendê-lo e recuperar a tripulação, julgando que não incorria em quebra da palavra espanhola, pois o outro, tendo lhe oferecido paz e garantias, não havia cumprido a promessa. O comandante, que diz que vinha com más intenções, não se fiou em entrar. Vendo que não se aproximava da caravela, o Almirante pediu-lhe que lhe explicasse o motivo por que retinha a tripulação, pois que isso causaria pesar ao Rei de Portugal, e que em terra dos Reis de Castela os portugueses eram recebidos com muitas honras e entravam e se sentiam seguros como em Lisboa, e que os Reis lhe haviam dado carta de recomendação para todos os soberanos, senhores e homens do mundo, e que poderia mostrar-lhe se quisesse aproximar-se; e que ele era Almirante do Oceano e Vice-Rei das Índias, agora pertencentes a Suas Majestades, como comprovaria pelas provisões assinadas por eles e lacradas com seus timbres, os quais lhe mostrou de longe, e que os Reis devotavam muito amor e amizade ao Rei de Portugal e o haviam ordenado a prestar todas as homenagens que pudesse aos navios portugueses que encontrasse, e que, uma vez que se recusava a devolver-lhe a tripulação, nem por isso deixaria de seguir viagem para Castela, pois dispunha de número suficiente para navegar até Sevilha, e seriam ele e sua gente bem castigados, fazendo-lhes tal injúria. Então o comandante e os demais responderam que não se conhecia ali nenhum Rei ou Rainha de Castela, nem suas cartas, e que não lhes metiam medo, antes, pelo contrário, iam mostrar-lhes o que era Portugal, isso já em tom ameaçador. Ao ouvir tais palavras, o Almirante ficou muito penalizado, e diz que até pensou que tivesse ocorrido algum incidente entre ambos os reinos depois de sua partida, e não pôde se conformar que não atendessem ao apelo da razão. Aí, então, diz que o comandante tornou a levantar-se, de longe, e exigindo que o Almirante fosse para o porto com a caravela, e que tudo o que ele estava fazendo ou já havia feito era por ordens de El-Rei, seu soberano; disso o Almirante tomou por testemunhas os que estavam na caravela, voltando a chamar o comandante, e a todos eles deu fé e prometeu que, sendo quem era, não desceria nem sairia da caravela enquanto não levasse uma centena de portugueses para Castela, despovoando toda aquela ilha. E assim tornou a ancorar no porto onde estivera antes, porque o tempo e o vento eram muito ruins para fazer outra coisa.

Quarta, 20 de fevereiro. – Mandou aprontar o navio e encher os barris com a água do mar para fazer lastro, pois achava-se em péssimo porto e receava que lhe cortassem as amarras, e assim foi; por isso deu às velas para a ilha de São Miguel, apesar que nenhuma das dos Açores ofereça bom porto para o tempo que então fazia, e não lhe restava alternativa senão fugir do mar.

Quinta, 21 de fevereiro. – Partiu ontem da ilha de Santa Maria para a de São Miguel, a fim de procurar ancoradouro para poder suportar tamanho mau tempo como o que fazia, com muita ventania e grandes ondas, e andou até à noite sem conseguir avistar terra alguma por causa da espessa neblina e escuridão causados pelo vento e pelo mar. Diz o Almirante que estava bastante aborrecido, pois dispunha apenas de três marinheiros que conheciam o oceano, porque os demais não entendiam absolutamente nada de navegação. Manteve-se à capa a noite inteira de muitíssimas tormentas, grande perigo e trabalho, mas Nosso Senhor lhe concedeu a graça de virem as ondas ou o mar somente de um lado, porque, se se entrecruzassem como as precedentes, sofreria muito mais ainda. Depois de raiar o dia, como não enxergasse a ilha de São Miguel, decidiu retornar à de Santa Maria para ver se podia resgatar a tripulação, o barco, as amarras e âncoras que por lá haviam ficado.

Diz que estava assombrado com todo esse mau tempo que fazia nessas ilhas e paragens, porque nas Índias andou meses a fio sem necessidade de ancorar, e sempre encontrava tempo bom e que em nenhuma ocasião se deparou com um mar que não se pudesse navegar, e que nessas ilhas havia passado por tão grave temporal, o mesmo tendo lhe acontecido, durante a ida, até às ilhas Canárias; mas que, além delas, sempre encontrou clima e mar de grande temperança. Concluindo, diz o Almirante, bem disseram os sagrados teólogos e os sábios filósofos ao afirmar que o Paraíso terrestre está nos confins do Oriente, porque é um lugar temperadíssimo. De modo que as terras, agora descobertas, são os confins do Oriente.

Sexta, 22 de fevereiro. – Ontem ancorou na ilha de Santa Maria no mesmo lugar ou porto precedente, e logo surgiu um homem chamando do alto de uns penhascos que ficavam bem em frente, pedindo para que não fossem embora dali. Em seguida apareceu o barco com cinco marinheiros, dois clérigos e um escrivão; pediram garantias, e, dadas pelo Almirante, subiram à caravela; e como já era noite dormiram a bordo, e o Almirante lhes rendeu as honrarias que pôde. De manhã, solicitaram que lhes mostrasse o mandato dos Reis de Castela e lhes contasse como, com a autorização deles, havia empreendido tal viagem. O Almirante sentiu que faziam isso só para demonstrar que não haviam procedido mal, mas que tinham tido razão, porque não haviam podido prender a pessoa do Almirante, que com certeza deviam pretender capturar, pois surgiram com o barco armado; mas ao perceberem que a manobra poderia acabar mal, e com temor do que o Almirante dissera e ameaçara, que tinha propósito de levar a cabo e acre-

111

ditou que sairia dali com isso. Finalmente, para recuperar a tripulação retida, teve que mostrar-lhes a carta geral dos Reis, para todos os soberanos e senhores, de recomendação e outras provisões; e deu-lhes do que tinha e eles se foram para terra contentes, e logo soltaram toda a tripulação junto com o barco, e por ela soube então o Almirante que, se o tivessem capturado, nunca mais o poriam em liberdade, pois, segundo dizia o comandante, El-Rei, seu Senhor, assim lhe havia ordenado.

Sábado, 23 de fevereiro. – Ontem o tempo começou a querer entrar em bonança; levantou âncora e foi contornar a ilha em busca de bom ancoradouro para conseguir lenha e pedra para o lastro, e só pôde encontrar à hora das completas[43].

Domingo, 24 de fevereiro. – Ancorou ontem à tarde para buscar lenha e pedra, mas, como as ondas estavam muito altas, o barco não conseguiu chegar em terra, e ao render da primeira guarda da noite, começou a ventar a oeste e sudoeste. Mandou levantar as velas por causa do grande risco que se corre nestas ilhas de esperar pelo vento sul sobre a âncora, e ao ventar a sudoeste, logo sobrevém o vento sul. E, visto que fazia bom tempo para ir para Castela, parou de recolher lenha e pedra e pediu que pilotassem a leste; e andou até o amanhecer, o que daria seis horas e meia, a sete milhas por hora, o que equivale a quarenta e cinco milhas e meia. Depois de raiar o dia até o pôr do sol, fez seis milhas por hora, o que em onze horas dá sessenta e seis milhas; somadas às quarenta e cinco e meia noturnas, foram cento e onze e meia, e, por conseguinte, vinte e oito léguas.

Segunda, 25 de fevereiro. – Ontem, depois que escureceu, navegou ao leste, mantendo-se na rota, a cinco milhas por hora; em treze horas desta noite percorreu sessenta e cinco milhas, o equivalente a dezesseis léguas e um quarto. Entre o amanhecer e o pôr do sol percorreu outras dezesseis léguas e

---

43. Completas, as últimas horas canônicas dos ofícios divinos. (N.T.)

meia com o mar calmo, graças a Deus. Sobrevoou a caravela um pássaro enorme que parecia uma águia.

Terça, 26 de fevereiro. – Ontem, depois do pôr do sol, navegou ao leste, mantendo-se na rota, com mar calmo, graças a Deus; o resto da noite fez oito milhas por hora; percorreu cem milhas, o que vem a dar vinte e cinco léguas. Depois que amanheceu, com pouco vento, choveu bastante; navegou cerca de oito léguas a lés-nordeste.

Quarta, 27 de fevereiro. – Hoje, entre a noite e o dia, andou fora da rota por causa dos ventos contrários e das grandes ondas do mar e achava-se a cento e vinte e cinco léguas do Cabo de São Vicente, a oitenta da ilha da Madeira e cento e seis de Santa Maria. Estava muito aborrecido com tanto temporal, agora que faltava tão pouco para chegar em casa.

Quinta, 28 de fevereiro. – Andou da mesma maneira esta noite, fora de rota, com diversos ventos ao sul e ao sudeste, e de um lado e de outro, e ao nordeste e ao lés-nordeste, e desse modo e também com grandes ondas durante o dia inteiro.

Sexta, 1º de março. – Andou esta noite doze léguas a leste quarta de nordeste; de dia correu vinte e três e meia a leste quarta de nordeste.

Sábado, 2 de março. – Andou esta noite, mantendo-se na rota, vinte e oito léguas a leste quarta de nordeste; e navegou vinte léguas de dia.

Domingo, 3 de março. – Depois do pôr do sol navegou a leste mantendo-se na rota. Sobreveio-lhe uma chuvarada que lhe rasgou todas as velas e viu-se em grande perigo, mas Deus quis que se salvassem. Tiraram a sorte para enviar um peregrino diz que à Santa María de la Cinta em Huelva, que fosse de camisola, e a escolha recaiu sobre o Almirante. Todos fizeram também promessa de jejuar a pão e água no primeiro sábado depois da chegada. Percorreu sessenta milhas até que as velas se rasgassem; depois andaram a mastro seco, por causa da grande tempestade de vento e das ondas que queriam tragá-los por ambos os lados. Viram indícios de terra próxima. Achavam-se bem perto de Lisboa.

Segunda, 4 de março. – À noite passaram por horrível tempestade e até pensaram que estivessem perdidos por causa das ondas que investiam por ambos os lados, dos ventos que pareciam erguer a caravela no ar, da chuva e dos relâmpagos de tudo quanto era lado; implorou a Deus para socorrê-los e assim andou até à primeira guarda, quando Nosso Senhor lhe mostrou terra, também vista pelos marinheiros. E então, para não se aproximar sem saber qual era, para ver se achava algum porto ou lugar onde se abrigar, deu o papafigo por não ter outro remédio e para andar um pouco, embora com grande risco, fazendo-se ao mar; e assim Deus os protegeu até raiar o dia, que diz que foi com infinito trabalho e espanto. Ao amanhecer, reconheceu a terra, que era a Rocha de Cintra, situada bem ao lado do rio de Lisboa, onde resolveu entrar, já que não podia fazer outra coisa; tão terrível era a tormenta que fazia na vila de Cascais, localizada na foz. Os habitantes, diz que passaram a manhã inteira rezando por eles e, depois de já estar ancorado, vinha gente vê-los, assombrados com o modo como haviam escapado; e assim, a uma hora da tarde passou por Restelo, dentro do rio de Lisboa, onde soube pelos marinheiros locais que nunca tinha feito inverno de tantos temporais e que se haviam perdido vinte e cinco naus em Flandres e que outras estavam retidas há quatro meses sem poder sair. O Almirante escreveu imediatamente ao Rei de Portugal, que se encontrava a nove léguas dali, dizendo que os soberanos de Castela tinham lhe dado ordens para que não deixasse de entrar nos portos de Sua Majestade a fim de pedir o que fosse preciso em troca de pagamento, e que El-Rei lhe concedesse permissão para ir com a caravela à cidade de Lisboa, porque alguns malvados, pensando que trazia muito ouro, encontrando-se em porto despovoado, seriam capazes de cometer alguma perversidade, e também para que soubesse que não voltava de uma viagem a Guiné e sim às Índias.

Terça, 5 de março. – Hoje, depois que o comandante da nau grande do Rei de Portugal, também ancorada em Restelo e a mais bem aparelhada de artilharia e armas que já foi vista, que se chamava Bartolomeu Dias de Lisboa, veio com o batel armado até à caravela, e pediu para o Almirante embarcar a fim de ir prestar contas aos administradores do Rei ou ao Capitão da dita nau. O Almirante respondeu que, como Almirante dos Reis de Castela, não se sentia obrigado a prestar contas a tais pessoas, tampouco a sair das naus ou navios em que estivesse, a não ser que fosse obrigado pela força das armas. O comandante retrucou que enviasse então o mestre da caravela. O Almirante disse que nem o mestre nem qualquer outra pessoa, a não ser à força, porque tanto fazia entregar alguém como ir pessoalmente, e que esse era o costume dos almirantes dos Reis de Castela, de preferir morrer a se entregar ou entregar alguém de sua tripulação. O comandante se moderou e disse que, já que estava com aquela determinação, que fosse como ele quisesse; mas que lhe mandasse mostrar as cartas dos Reis de Castela, se as tinha. O Almirante prometeu mostrá-las e outro imediatamente voltou à nau e comunicou isso ao capitão, que se chamava Álvaro Dama, o qual, com muita pompa, tambores, clarins e anafis, em meio a grande festa, veio até à caravela e falou com o Almirante, prontificando-se a fazer tudo o que lhe pedisse a fim de contentá-lo e ajudá-lo no que precisasse.

Quarta, 6 de março. – Sabendo como o Almirante vinha das Índias, veio hoje tanta gente da cidade de Lisboa para vê-lo e ver os índios que chegava a ser surpreendente, e as demonstrações de assombro que todos davam, rendendo graças a Nosso Senhor e dizendo que, pela grande fé que os Reis de Castela tinham e pelo desejo de servir a Deus, era que Sua Augusta Majestade lhes dava tudo isso.

Quinta, 7 de março. – Hoje veio uma verdadeira multidão até à caravela, e muitos cavaleiros, entre eles os administradores de El-Rei, e todos rendiam infinitíssimas graças a Nosso Senhor por tanto bem e engrandecimento da Cristandade que Nosso Senhor havia concedido aos Reis de Castela, e que diz que atribuíam ao fato de Suas Majestades trabalharem e se exercitarem tanto em prol do engrandecimento da religião de Cristo.

Sexta, 8 de março. – Hoje o Almirante recebeu uma carta do Rei de Portugal através de Dom Martim de Noronha, na qual pedia-lhe que fosse a seu encontro, pois o tempo não estava propício a partir com a caravela; e assim fez, para evitar desconfianças, embora não tivesse vontade de ir, e foi dormir em Sacavém. El-Rei ordenou a seus administradores para que dessem, sem cobrar nada, tudo o que o Almirante, a tripulação e a caravela precisassem e para que fizessem tudo como o Almirante quisesse.

Sábado, 9 de março. – Hoje saiu de Sacavém para dirigir-se ao local onde se encontrava El-Rei, que era o vale do Paraíso, a nove léguas de Lisboa; como chovia, não pôde chegar antes que anoitecesse. O soberano mandou recebê-lo com todas as honras pelas figuras mais importantes da Casa Real e ele próprio também os acolheu com muitas honras, prestando-lhe uma série de cortesias, convidando-o a sentar-se e falando com a maior consideração, oferecendo-se para mandar fazer tudo o que agradasse aos Reis de Castela e a seu serviço e o que mais aprouvesse; e mostrou-se muito satisfeito com o feliz desfecho da viagem, e também de que tivesse sido empreendida, mas que, no seu modo de entender, pelo pacto existente entre os Reis e ele, aquela conquista lhe pertencia. Ao que o Almirante respondeu que desconhecia a existência de semelhante pacto e não sabia de outra coisa além de terem os Reis mandado que não fosse à mina nem à toda a Guiné, e que assim se tinha feito apregoar em todos os portos de Andaluzia antes de partir para a viagem. El-Rei respondeu graciosamente que tinha certeza de que não haveria necessidade de terceiros.

Confiou-o aos cuidados do prior do Crato, na ocasião a personalidade mais importante ali presente, e de quem o Almirante recebeu, em todas as circunstâncias, muitíssimas honrarias e favores.

Domingo, 10 de março. – Hoje, depois da missa, El-Rei tornou a declarar que, se tivesse necessidade de algo, prontamente lhe daria; e conversou muito com o Almirante, sempre convidando-o a sentar-se, prestando-lhe todas as homenagens.

Segunda, 11 de março. – Hoje despediu-se do rei, que lhe disse algumas coisas que gostaria que transmitisse aos Soberanos, demonstrando-lhe sempre muita afeição. Partiu depois de comer, acompanhado por Dom Martim de Noronha e por todos aqueles dignitários, que ficaram bastante tempo prestando-lhe homenagens. Depois dirigiu-se ao mosteiro de Santo Antônio, situado nas proximidades de um lugar chamado Vila Franca, onde se encontrava a Rainha; e foi-lhe fazer reverência e beijar-lhe as mãos, pois um emissário recomendara que não partisse sem visitá-la, e ela estava com o Duque e o Marquês, tendo recebido o Almirante com a máxima consideração. O Almirante despediu-se ao entardecer e foi dormir em Landra.

Terça, 12 de março. – Hoje, estando para partir de Landra para a caravela, chegou um escudeiro de El-Rei, oferecendo-se da parte do monarca, se preferisse ir a Castela por terra, a hospedá-lo e mandar-lhe dar montarias e tudo o mais que precisasse. Quando o Almirante se despediu, deu-lhe uma mula e outra para o piloto, que levava consigo, e consta que a este último pediu que fizesse o favor de aceitar vinte espadins[44], segundo soube o Almirante. E diz que declarou que fazia tudo isso para que chegasse ao conhecimento dos Reis de Castela. Já era noite quando chegaram à caravela.

---

44. Espadim, antiga moeda portuguesa. (N.T.)

Quarta, 13 de março. – Hoje, às oito horas, com maré muito alta e vento nor-noroeste, levantou âncora e soltou velas para ir para Sevilha.

Quinta, 14 de março. – Ontem, depois do pôr do sol, seguiu na sua rota rumo ao sul, e antes do amanhecer encontrou-se nas proximidades do Cabo de São Vicente, que fica em Portugal. Depois navegou ao leste para ir a Saltes, e andou o dia todo com muito pouco vento até agora, que está perto de Furón.

Sexta, 15 de março. – Ontem, depois do pôr do sol, navegou na sua rota até o amanhecer com pouco vento e, ao raiar do dia, achou-se nas proximidades de Saltes e, ao meio-dia, com a maré montante, entrou pela barra de Saltes até o interior do porto, de onde havia partido em 3 de agosto do ano passado. E assim diz ele que termina agora este relato, só que estava com a intenção de ir a Barcelona por mar, pois ficara sabendo que ali se encontravam Suas Majestades, e isso para lhes dar notícia de toda a viagem, que Nosso Senhor havia permitido que fizesse, querendo deslumbrá-lo com ela. Porque certamente, além do que já sabia e tinha a certeza inabalável de que Sua Augusta Majestade só faz coisas boas e que tudo é bom, salvo o pecado, e que não se pode avaliar nem pensar coisa alguma sem o seu consentimento, fiquei conhecendo tudo desta viagem – diz o Almirante – que milagrosamente assim o demonstrou, como se pode compreender por este relato e pelos muitos milagres indicados que nela ocorreram, e de mim, que há tanto tempo estou na Corte de Vossas Majestades com a oposição e contra a vontade de tantas personalidades ilustres de vossa casa, as quais estavam todas contra mim, alegando ser embuste essa façanha. E que, espero em Nosso Senhor, haverá de ser a maior honra da Cristandade que assim, com tanta rapidez, tenha jamais aparecido.

Estas são as palavras finais do Almirante sobre a sua primeira viagem às Índias e sobre o seu descobrimento.

A Segunda Viagem
(1493-96)

Nomeado Vice-Rei e Governador Geral das Índias, Colombo foi autorizado pelos reis da Espanha a iniciar os preparativos para sua segunda viagem. Em Sevilha, dezessete navios foram abastecidos para uma viagem de seis meses e mil e duzentos marinheiros, colonos e soldados alistados para o embarque. O porto de Palos tornara-se pequeno para a frota gloriosa de Colombo. Por isso, em 25 de setembro de 1493, ele partiu de Cádiz, na nau capitânia Marigalante. *Trinta e nove dias depois, a expedição avistou terra. Era um domingo. Por isso, a ilha montanhosa e luxuriante que atingiram foi batizada Dominica – e até hoje mantém o nome.*

Esta segunda expedição tornou conhecidas as Antilhas, região na qual seria estabelecida a base da futura penetração espanhola. Depois de descobrir a Jamaica, Colombo retornou à Espanha, em julho de 1496. Novas terras haviam sido anexadas ao emergente império espanhol, mas as riquezas incalculáveis descritas por Marco Polo em seu Livro das Maravilhas *permaneciam inatingidas.*

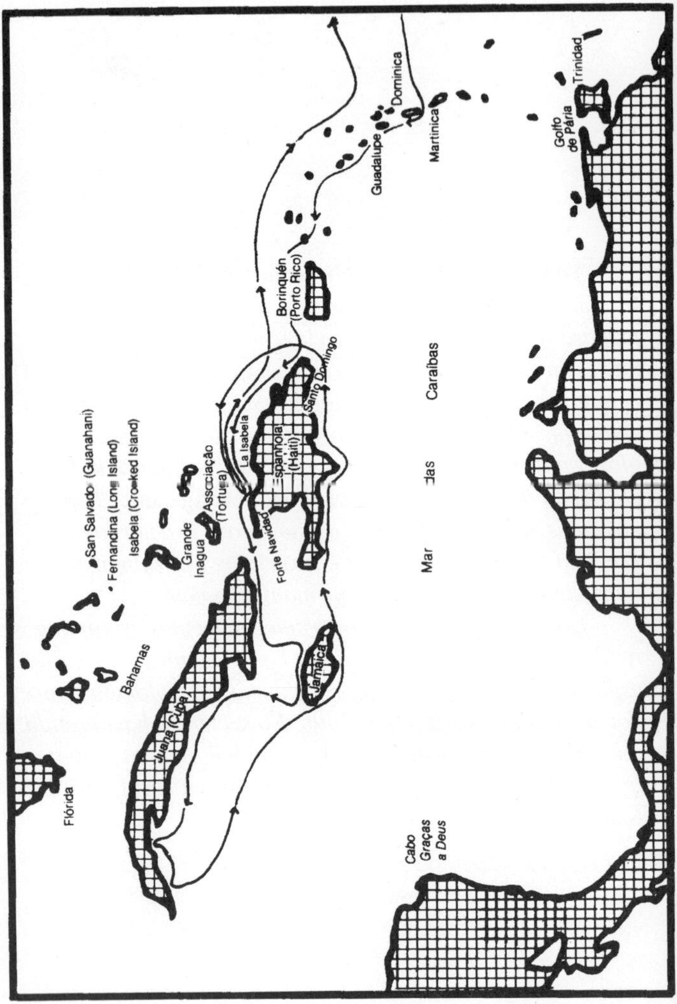
Flórida
Bahamas
San Salvador (Guanahani)
Fernandina (Long Island)
Isabela (Crooked Island)
Grande Inagua
La Isabela
Espanhola (Haiti)
Forte Navidad
Santo Domingo
Borinquén (Porto Rico)
Guadalupe
Dominica
Martinica
Golfo de Pária
Trinidad
Juana (Cuba)
Jamaica
Mar das Caraíbas
Cabo Graças a Deus

Memorial que o Almirante deu para Dom Antonio de Torres entregar aos Reis Católicos.

O que vós, Antonio de Torres, comandante da nau *Marigalante* e prefeito da cidade Isabela, haveis de dizer e suplicar de minha parte a El-Rei e à Rainha, Nossos Soberanos, é o seguinte:

Primeiramente, uma vez entregues as cartas de credenciais que de mim levais para Suas Majestades, beijareis, em meu nome, seus reais pés e mãos, e me recomendareis a Suas Majestades como Rei e Rainha, meus senhores naturais, a cujo serviço desejo consagrar o resto de meus dias, e coisas semelhantes a essas podereis dizer com mais vagar a Suas Majestades, segundo o que em mim vistes e soubestes.

Outrossim: Como se pode ver pelas cartas que escrevo a Suas Majestades e também ao padre frei Buil e ao Tesoureiro, será fácil compreender tudo o que se fez aqui desde a nossa chegada, e isso com riqueza de pormenores e extensamente; contudo, direis de minha parte a Suas Majestades que aprouve a Deus conceder-me tal graça em seu serviço, que até agora não acho eu menos nem se achou em coisa alguma do que escrevi, declarei e afirmei a Suas Majestades anteriormente, antes, pelo contrário, por graça de Deus, espero que ainda bem mais claramente e muito em breve por meio de atos aparecerá, porque as coisas de especiarias estão só nas margens do mar, sem ter-se adentrado pela terra, se encontram tais rastros e princípios dela, que é razão para que se esperem bem melhores fins, e o mesmo se aplica às minas de ouro, porque com apenas dois que se puseram a descobrir, cada um pelo seu lado, sem se demorarem lá por serem poucos, descobriram-se tantos rios repletos de ouro, que qualquer um dos que o viram extrair somente com as mãos como amostra, chegaram tão contentes e falam tantas coisas da abundância que por lá existe que me sinto acanhado para repeti-las por escrito a Suas Majestades; porém, como para aí vai Corbalán, que foi um dos descobridores, ele próprio contará o que viu, embora aqui fique outro, que chamam de Hojeda, criado do duque de Medinaceli, rapaz discretíssimo e de muito bom recado, que sem dúvida e também sem comparação descobriu muito mais, segundo o memorial dos rios que trouxe, dizendo que em cada um deles há coisas inacreditáveis: motivo pelo qual Suas Majestades podem dar graças a Deus, pois tão favoravelmente se saíram em todas as suas coisas.

Outrossim: Direis a Suas Majestades, como se pode ver pelo que lhes escrevo, que eu desejava muito poder-lhes enviar, nesta armada, maior quantidade de ouro do que se espera extrair, se a nossa tripulação que aqui se encontra não caísse subitamente, na maior parte, doente; mas, como esta armada não podia mais esperar, seja pela costa grande que faz, seja porque o tempo está propício para ir e voltar com os que hão de trazer as coisas que aqui fazem muita falta, pois se demorassem para partir não poderiam regressar em maio aqueles que voltarão, e, além disso, se com os que gozam de saúde, que cá se encontram, tanto no mar como em terra, no povoado, eu quisesse me empenhar em ir agora às minas ou aos rios, enfrentaria uma série de dificuldades e perigos, porque daqui até vinte e três ou vinte e quatro léguas, onde existem portos e rios para atravessar e para tão longa viagem e para passar lá o tempo suficiente para extrair o ouro, seria preciso levar muitos mantimentos, que não poderiam ser carregados nas costas, nem os quadrúpedes que para isso se prestassem, nem as estradas ou trilhas estão assim tão prontas, pois mal começaram a arrumá-los para que se possa utilizá-los; e também seria muito inconveniente deixar aqui os doentes expostos ao ar livre e em choças, e as provisões e mantimentos que estão em terra, que, por mais que esses índios se hajam mostrado aos descobridores e se mostram cada dia muito simples e sem malícia, contudo, como cada dia aparecem aqui entre nós, não pareceu aconselhável correr o risco de se aventurar a perder essa gente os mantimentos, o que um índio munido de tição poderia fazer, ateando fogo às choças, pois sempre vão e vêm de dia e de noite; por causa disso mantemos guardas no acampamento enquanto o povoado estiver aberto e sem defesas.

Outrossim: Como já vimos que os que foram descobrir por terra ficaram, na maioria, doentes depois que voltaram e alguns ainda tiveram que desistir no meio do caminho, havia também razão para temer que o mesmo acontecesse aos que agora iriam, desses são que aqui se encontram, decorrendo daí dois perigos: primeiro, de adoecerem por lá, na mesma obra onde não existe casa nem defesa alguma contra aquele cacique que chamam de Caonabó, que, segundo todos dizem, é homem muito ruim e ainda mais atrevido; o qual, vendo-nos ali alquebrados e doentes, poderia empreender o que não ousaria se estivéssemos sãos: e com isso mesmo se acrescenta outra dificuldade, a de trazer o que obtivéssemos em ouro, porque ou haveríamos de trazer pouco cada dia e correr o risco de doenças, ou se haveria de enviá-lo com parte da tripulação, correndo o risco de perdê-lo.

Assim, pois, direis a Suas Majestades que esses são os motivos por que por enquanto não se deteve a armada, nem se lhes envia mais ouro além das amostras; porém, confiando na misericórdia de Deus, que em tudo e por tudo nos guiou até aqui, esta tripulação em breve convalescerá, como já está acontecendo, porque basta a terra cicatrizar alguns cortes e logo se levantam, e é certo que, se tivessem um pouco de carne fresca para se restabelecer, bem depressa estariam todos de pé, com a ajuda de Deus, e a maioria também já estaria completamente boa a essa altura; seja como for, hão de convalescer. Esses poucos são que ainda nos restam, diariamente se preocupam em fechar o povoado, dar-lhe alguma defesa e colocar os mantimentos em segurança, o que será feito dentro de breves dias, porque não vão ser mais que muros de barro, já que os índios não são gente capaz de fazer alguma coisa, mesmo premeditada, se nos encontrarem dormindo; pois assim procederam com os outros que ficaram aqui sem tomar precaução, os quais, por poucos que fossem e por melhores ocasiões que deram aos índios de conseguir e de fazer o que fizeram, nunca teriam ousado tratar de prejudicá-los se os vissem tomar precauções[1]. E, feito isso, logo se combinará para ir aos ditos rios, ou daqui, tomando o caminho e buscando os melhores expedientes possíveis, ou por mar, rodeando a ilha até aquele lado de onde se diz que não deve haver mais de seis ou sete léguas até os referidos rios, de modo que, com segurança, se possa extrair o ouro e pô-lo sob a guarda de alguma fortaleza ou torre que ali prontamente se erga, para tê-lo à disposição quando as duas caravelas para cá regressarem, e para que logo, com o primeiro tempo que sirva para navegar nessa rota, seja enviado com segurança.

Outrossim: Direis a Suas Majestades, como já foi dito, que as causas das doenças tão comuns a todos vêm da mudança de águas e ares, porque vemos que se estende a toda equipagem e poucos correm perigo; por conseguinte, a conservação da saúde, depois de Deus, depende de que essa gente esteja provida dos mantimentos a que estava acostumada na Espanha, pois Suas Majestades não se poderão servir deles nem de outros que para aqui vierem, se não estiverem sãos. E essa provisão tem que durar até que se haja sedimentado o que for semeado ou plantado, isto é, trigos, cevadas e vinhedos, do qual para este ano pouco se fez, porque não se pôde providenciar com antecedência e logo que se providenciou adoeceram os raros lavradores que cá estavam, os quais, mesmo que gozassem de saúde, dispunham de poucos animais, tão magros e esquálidos, que quase nada puderam fazer. Contudo, alguma coisa semearam, mais para experimentar a terra, que parece maravilhosa, e para que daí se possa esperar alguma solução para nossas

---

1. Colombo refere-se ao massacre do Forte Navidad, que nunca chegou a ser bem explicado, já que não sobraram testemunhas entre os espanhóis. (N.E.)

necessidades. Temos absoluta certeza, pelo que já se pôde ver, de que nessa terra tanto o trigo como o vinho se desenvolverão muito bem[2], mas cumpre esperar o fruto, que, se for igual à rapidez com que nasce o trigo e a algumas raras vides que se plantaram, é certo que não farão falta os da Andaluzia nem os da Sicília, como tampouco as canas-de-açúcar, a julgar por algumas mudas que, tão logo foram plantadas, pegaram; porque é certo que a beleza da terra destas ilhas, repletas de morros, serras e águas, e de várzeas por onde passam rios caudalosos, é tão evidente, que nenhuma outra, aquecida pelo sol, pode ser melhor ou parecer tão bela.

Outrossim: Direis que, em virtude de se ter derramado muito vinho na rota seguida por essa armada, o que, segundo a maioria, se atribui ao mau trabalho dos toneleiros em Sevilha, a maior falta que agora sofremos ou esperamos sofrer por causa disso é a de vinhos, e muito embora tenhamos para mais tempo tanto biscoito como trigo, é, no entanto, preciso que também se envie uma quantidade razoável, pois a viagem é longa e não se pode prover todos os dias, e do mesmo modo algumas carnes, digo, toucinhos, e outras defumadas, que sejam melhores que os que trouxemos desta vez. Necessita-se, ainda, de carneiros vivos, ou antes, cordeiros e cabritinhas, fêmeas de preferência a machos, e alguns bezerros e bezerras pequenos, que venham toda vez que uma caravela parta nesta direção, e mulas, asnos e éguas para trabalho e sêmen, pois aqui não existe nenhum desses bichos de que se possa amparar e valer. E, como receio que Suas Majestades não se encontrem em Sevilha, e que os seus oficiais ou ministros não nos atendessem sem a sua ordem expressa, porque é necessário que venha agora, nesta próxima viagem, pois entre a consulta e a resposta se passaria a estação da partida dos navios, e até o mês de maio é preciso que estejam aqui, direis a Suas Majestades como vos incumbi e mandei que do ouro que para lá levais, empenhando-o ou entregando-o a algum mercador em

---

2. O trigo jamais vingou na ilha Espanhola, que seria praticamente tomada pela cana-de-açúcar. (N.E.)

Sevilha, o qual se distraia e ponha os maravedis que forem necessários para carregar duas caravelas de vinho, trigo e outras coisas de que levais a relação, o qual mercador leve ou envie o dito ouro a Suas Majestades, para que o vejam, recebam e façam pagar o que se tiver distraído e posto para o despacho e carregamento das duas referidas caravelas, as quais, para consolar e incentivar esta gente que fica aqui, cumpre que ponham o máximo empenho em estar de volta aqui até fins do mês de maio, para que a tripulação antes de começar o verão enxergue e tire algum conforto dessas coisas, sobretudo para as doenças; coisas de que aqui já estamos em grande falta, tais como passas, açúcar, amêndoas, mel e arroz, que deveria ter vindo em muita quantidade e veio pouquíssimo e mesmo assim já está consumido e gasto, e ainda a maior parte dos medicamentos que de lá trouxeram, por causa da verdadeira multidão de doentes: das quais, como já disse, levais relação tanto para os sãos como para os doentes, assinada por meu próprio punho, e que deve vir integralmente, se o dinheiro for suficiente ou, ao menos, o que mais indispensável seja para despachar agora, para que possam logo trazer as duas referidas caravelas; e o que restar procurareis com Suas Majestades para que venham com outros navios o mais depressa possível.

Outrossim: Direis a Suas Majestades que, como aqui não existe língua por meio da qual se possa administrar a essa gente os ensinamentos da nossa santa fé, conforme o desejo manifestado por Suas Majestades, e também pelos que aqui se encontram, apesar de que tudo faremos nesse sentido, se enviam de presente com estes navios os canibais, homens, mulheres e crianças que Suas Majestades podem mandar entregar a pessoas que lhes possam ensinar melhor a língua, exercitando-os em coisas de serviço e aos poucos mandando dispensar-lhes mais cuidados do que a outros escravos, para que aprendam uns com os outros; mas que não se falem nem se vejam senão bem mais tarde, que aprenderão aí mais depressa do que aqui, e serão melhores intérpretes, muito embora aqui não se deixará de fazer o que se puder. É verdade que, como essa gente pouco se comunica entre uma ilha e outra, existe alguma diferença entre suas línguas, dependendo da distância, e porque entre as outras ilhas as dos canibais são muito maiores e bem mais povoadas, pareceria aqui que capturar, tanto eles como elas, e enviá-los aí para Castela só poderia fazer bem, porque se livrariam, de uma vez por todas, desse costume desumano que têm de comer gente, e aí em Castela, entendendo a língua, receberiam bem mais rápido o batismo, com grande proveito para suas almas. Ainda entre esses povos que não mantêm tais hábitos, só teríamos a lucrar, vendo que prendemos e sujeitamos ao cativeiro aqueles de quem costumam sofrer danos e sentem tanto medo que se espantam só em vê-los; acreditem Suas Majestades que a vinda e a presença da frota nesta terra, assim reunida e bonita, contribuiu para imprimir grande autoridade ao fato e garantir ampla segurança para o porvir, pois toda a população desta grande ilha e das demais, vendo o bom tratamento dispensado aos bons e o castigo aplicado aos maus, terminará obedecendo prontamente, comportando-se como vassalos reais. É preciso também ressaltar que eles agora, onde quer que se esteja, não só cumprem de bom grado o que se lhes pede que façam, como ainda, por espontânea vontade, se dispõem a fazer tudo o que entendem que nos possa agradar, e podem ter Suas Majestades ainda certeza de que não será menos aí, entre os soberanos cristãos, pela grande reputação granjeada com a vinda desta armada, em vários sentidos, atuais como vindouros, sobre os quais Suas Majestades poderão meditar e entender melhor do que eu saberia exprimir.

Outrossim: Direis a Suas Majestades que o proveito das almas dos referidos canibais e também dos que aqui se encontram inspirou a ideia de que quanto maior o número dos que fossem levados para aí, tanto melhor, e nisso Suas Majestades poderiam ser servidas da seguinte maneira: que, visto como são indispensáveis as cabeças de gados e as bestas de carga para o sustento da gente que aqui vai ficar e para o bem de todas estas ilhas, Suas Majestades poderiam dar licença e permissão a um número de caravelas suficiente que para cá se dirija a cada ano, trazendo o referido gado e outros mantimentos e coisas para povoar o campo e aproveitar a terra, e isso a preços razoáveis, à custa dos transportadores, cujas mercadorias lhes poderiam ser pagas em escravos destes canibais, gente tão feroz, disposta, bem proporcionada e de muito bom entendimento, e que, libertos dessa desumanidade, acreditamos que se mostrarão superiores a quaisquer outros servos, desumanidade que logo perderão quando estiverem longe de sua terra[3]; e desses poderá haver muitos, usando-se o chicote que fazem e usam como remo por aqui; isso vai depender, porém, do pressuposto de que cada uma das caravelas enviadas por Suas Majestades seja comandada por pessoa de confiança, que as impeça de parar, em qualquer outro lugar ou ilha, a não ser aqui, onde terá que ser procedida a carga e descarga de toda a mercadoria; e Suas Majestades ainda poderiam fazer valer seus direitos sobre os escravos levados para aí. E a esse respeito trareis ou enviareis resposta, para que se tomem aqui, com maior segurança, as providências cabíveis, se Suas Majestades concederem aprovação.

Outrossim: Também direis a Suas Majestades que vale mais a pena e custa menos fretar os navios como fazem os mercadores para Flandres, por toneladas, e não de outra maneira; daí que eu vos encarreguei de fretar desse modo as duas caravelas que logo haveis de mandar; e assim se poderá fazer com todas as outras que Suas Majestades enviarem, se em tal forma aprovarem os serviços. Mas isso que estou dizendo não se aplica às que hão de vir com licença de Suas Majestades para o transporte de escravos.

Outrossim: Direis a Suas Majestades que, no intuito de evitar maiores despesas, comprei estas caravelas, cuja relação levais, ora para retê-las aqui com as duas naus, isto é: a *Galega* e essa outra *Capitã*, que comprei igualmente do piloto de ambas os três oitavos pelo preço que na referida relação destas

---

[3]. A rainha Isabela indignou-se com a proposta da escravização de Colombo. Chegou a proibir que o Almirante, ou qualquer outro navegador, levasse novos indígenas para Castela. Com sua morte, em 26 de novembro de 1504, a escravização se generalizou, estendendo-se a todas as tribos e não apenas aos "canibais". (N.E.)

cópias levais assinado de meu próprio punho; esses navios não só darão autoridade e grande segurança à tripulação que ficar dentro e conviver com os índios para extrair o ouro, mas ainda para qualquer outro perigo que possa provir dessa gente estranha, além de serem as caravelas necessárias para o descobrimento de terra firme e outras ilhas que se situem entre aqui e aí. E suplicareis a Suas Majestades que os maravedis que esses navios custam sejam pagos no prazo prometido, porque não há dúvida de que se ressarcirão do preço que custaram, segundo creio e confio na misericórdia de Deus.

Outrossim: Direis a Suas Majestades e suplicareis de minha parte, da maneira mais humilde possível, que se lhes compraza muito considerar o que pelas cartas e outros manuscritos verão mais detidamente no que diz respeito à paz, ao sossego e à concórdia dos que aqui se encontram, e que para as coisas do serviço de Suas Majestades escolham pessoas de tal índole que não se tenha delas receio e que levem mais em conta os motivos de sua vinda, que são para atender aos interesses reais. E nisso, posto que tudo vistes e soubestes, falareis e direis a Suas Majestades a verdade sobre todas as coisas, tais como as compreendestes; e que a provisão do que Suas Majestades decidirem venha, se possível, com os primeiros navios, a fim de que aqui não se crie nenhum tumulto em torno de um assunto que tanto interessa ao bom proveito de Suas Majestades.

Outrossim: Direis a Suas Majestades a localização desta cidade[4] e a beleza da província circundante, tais como as vistes e compreendestes, e como vos nomeei dela prefeito pelos poderes que me foram conferidos por Suas Majestades, às quais humildemente rogo que, como parte da satisfação pelos vossos serviços, tenham por bem conceder a referida provisão, como espero de Suas Majestades.

Idem: Porque mossém[5] Pedro Margarite, súdito de Suas Majestades, bem serviu e espero que assim continuará fazendo

---

4. Refere-se à cidade de La Isabela, fundada em 6 de janeiro de 1494. (N.E.)

5. Mossém, título dos clérigos e nobres de segunda ordem na antiga coroa de Aragão. (N.T.)

no que lhe for pedido doravante, tive muito prazer em acolhê-lo aqui, o mesmo ocorrendo com Gaspar e Beltrán, que por serem conhecidos súditos de Suas Majestades, pude confiar-lhes cargos de confiança. Suplicareis a Suas Majestades, que sobretudo ao citado mossém Pedro, que é casado e tem filhos, seja conferida alguma comenda na Ordem de Santiago, da qual veste o hábito, para que sua mulher e filhos tenham recursos para viver. De maneira idêntica procedereis em relação a Juan Aguado, outro súdito de Suas Majestades, que serviu bem e diligentemente em tudo o que lhe foi solicitado; que suplico a Suas Majestades, por ele e pelos já mencionados, os tenham por bem recomendados e presentes.

Outrossim: Direis a Suas Majestades o trabalho que o doutor Chanca vem enfrentando para atender a tantos doentes, bem como a situação dos mantimentos, e como, apesar de tudo isso, cumpre com a sua obrigação. E para que Suas Majestades me remetam o salário a que faz jus, porque estando aqui é certo que não recebe nem pode ganhar nada de ninguém em troca de seus serviços como ganhava ou poderia estar ganhando em Castela, sem se incomodar e vivendo com um conforto que aqui não tem condições de ter; e assim que, apesar de ele jurar que o que aí ganhava era mais do que o salário que Suas Majestades lhe dão e não me querer expandir mais do que cinquenta mil maravedis pelo trabalho que cada ano faz enquanto aqui estiver, suplico a Suas Majestades lhe mandem franquear com os honorários daqui, e assim mesmo porque diz e afirma que todos os médicos envolvidos em coisas da realeza ou semelhantes a essas costumam ter direito a um dia de estipêndio em cada ano de toda a gente; contudo, fui informado e ouvi dizer que, mesmo que assim seja, o costume consiste em dar-lhes determinada quantia estipulada pela vontade e ordem de Suas Majestades como recompensa por aquele dia de estipêndio. Suplicareis a Suas Majestades que o mandem prover disso, tanto no que diz respeito ao salário como a esse costume, de modo que o referido doutor encontre motivos para ficar satisfeito.

Outrossim: Falareis do Coronel para Suas Majestades, explicando o quanto é homem para servir em muitas coisas e quanto serviu até aqui em tudo o que foi mais necessário e a falta que dele sentimos agora que está doente; e que, servindo dessa maneira, há motivo para colher os frutos de seu trabalho, não só nas graças futuras como também em seu salário atual, de modo que tanto ele como os demais que aqui se encontram percebam que o trabalho é compensador, pois, segundo o esforço que aqui se há de fazer para extrair esse ouro, não podem ser pouco consideradas as pessoas que tanto empenho demonstram; e porque ganhou, graças à sua habilidade, o cargo de meirinho-mor destas Índias, concedido por mim, mas em cuja provisão o salário está em branco, suplico a Suas Majestades que o mandem preencher como o que mais seja seu serviço, levando em conta a sua folha de serviços, confirmando-lhe a provisão que aqui lhe foi concedida e proporcionando-lhe o que faz jus.

Da mesma forma direis a Suas Majestades como para cá veio o bacharel Gil García como prefeito-mor, sem que lhe fosse consignado nem indicado nenhum salário, e é pessoa de bem, de boas letras e diligente, e muito necessário aqui; que suplico a Suas Majestades que mandem nomeá-lo, consignando-lhe o salário, de modo que se possa manter, e lhe seja franqueado o dinheiro dos honorários daqui.

Outrossim: Direis a Suas Majestades, como aliás já escrevi por carta, que não julgo possível sair para descobrimentos este ano antes que fiquem devidamente situados os rios onde foi encontrado ouro a serviço de Suas Majestades, pois depois se poderá fazer muito melhor, já que não é coisa que alguém possa empreender sem a minha presença, o meu consentimento, nem o serviço de Suas Majestades, por bem que o fizesse, visto que sempre se fica em dúvida sobre o que não se enxerga com os nossos próprios olhos.

Outrossim: Contareis a Suas Majestades como os escudeiros a cavalo que vieram de Granada, com o alarde que fizeram em Sevilha, mostraram boas montarias, e depois, ao embarcar, que não pude ver, porque andava adoentado, foram substituídas de tal maneira que a melhor delas não parece valer dois mil maravedis, porque venderam as outras e compraram estas, o mesmo tendo acontecido com boa parte da tripulação que lá, nos alardes de Sevilha, vi que era muito boa. Parece que Juan de Soria, depois de ter sido entregue o dinheiro do soldo, por algum interesse pessoal, colocou outros no lugar daqueles que pensei encontrar aqui, e achei gente que nunca tinha visto. Nisso houve grande maldade, de tal maneira que nem sei se devo queixar-me somente dele; por isso, visto que a esses escudeiros se confiou as despesas até aqui, além de seus soldos, e também a de seus cavalos, e atualmente se manifestam e são pessoas que quando estão doentes, ou não têm vontade, não querem que seus cavalos sirvam sem eles mesmos; Suas Majestades não querem que se lhes comprem esses cavalos, mas que sirvam a Suas Majestades, e é exatamente o que não lhes parece que devam servir nem coisa nenhuma senão a cavalo, o que agora de momento não vem muito ao caso, e por isso parece que seria preferível comprar-lhes as montarias, já que valem tão pouco, e não ficar cada dia a discutir com eles por causa disso. Que Suas Majestades, por conseguinte, determinem isso como melhor lhes aprouver.

Outrossim: Direis a Suas Majestades que para cá vieram mais de duzentas pessoas sem soldo, havendo algumas que trabalham direito e também outras que, à força do exemplo, assim se comportam, e para que durante estes três primeiros anos será da maior conveniência que aqui estejam três mil homens para localizar e pôr em extrema segurança esta ilha e rios de ouro, e ainda que houvesse uma centena a cavalo não se perderia nada, antes, pelo contrário, parece necessário; embora nesses a cavalo, até que se remeta o ouro, Suas Majestades poderiam suspender. Contudo, para essas duzentas pessoas que vieram sem soldo, Suas Majestades devem mandar dizer se se lhes pagará estipêndio como aos outros trabalhando bem, porque é certo que são necessários, como já disse, durante este começo.

Outrossim: Porque de certo modo se pode aliviar as despesas com essa gente por meio de engenho e formas que outros soberanos costumam usar, e aqui esses gastos encontrariam melhor pretexto, parece que seria aconselhável mandar trazer nos navios que vierem, além de coisas destinadas aos mantimentos comuns e à farmácia, sapatos e couros para mandar fazê-los, camisas comuns e de outras qualidades, gibões, lenços, saios, calças, panos para vestir por preços razoáveis e outras coisas, como, por exemplo, conservas, que não se incluem na ração e servem para manter a saúde, que são coisas que a gente daqui receberia de bom grado descontadas do soldo; e se aí isso fosse comprado por ministros leais e que visassem bem servir Suas Majestades, muito se economizaria. Portanto, consultareis a vontade de Suas Majestades a respeito disso, e, se lhes aprouver, imediatamente se deve pôr em prática.

Outrossim: Também direis a Suas Majestades que, durante o alarde que se criou ontem, verificou-se grande falta de armas, o que penso que em parte se deve atribuir àquela troca efetuada em Sevilha, ou no porto, quando lá ficaram os que se mostraram armados e embarcaram outros, que pagavam alguma coisa a quem efetuava a troca; parece, então, que seria conveniente mandar trazer duzentas couraças, cem espingardas, cem trabucos e munição, que é do que mais precisamos.

Outrossim: Quanto a alguns operários que vieram para cá, por serem pedreiros e de outros ofícios, e que são casados e deixaram suas mulheres aí e gostariam que elas recebessem o que se lhes deve de soldo ou que esse fosse entregue às pessoas que indicassem, para que lhes comprem as coisas de que aqui precisam, suplico a Suas Majestades para franquear-lhes isso, porque é de seu interesse que estejam providos aqui.

Outrossim: Para que, além das outras coisas que aí se mandam pedir através das relações que levais assinadas de meu próprio punho, tanto para a manutenção dos sãos como para a dos doentes, seria aconselhável que se remetessem da ilha da Madeira cinquenta barris de mel açucarado, que é o melhor alimento do mundo e também o mais saudável e não costuma custar cada barril mais de dois ducados sem o casco; e se Suas Majestades determinarem que, na volta, passe por ali alguma caravela, que poderá trazê-los, e também dez caixas de açúcar que são muito necessárias, e esta é a melhor época do ano, quer dizer, daqui até o mês de abril, para achar e comprar com bom motivo, e poder-se-ia dar ordem, bastando Suas Majestades assim determinarem e que aí não se soubesse para onde se destinam.

Outrossim: Direis a Suas Majestades que, embora os rios o possuam na quantidade que se diz pelos que já viram, mas que o certo a esse respeito é que o ouro não se origina nos rios, mas na terra, que a água deparando com as minas o traz misturado à areia, e como foram feitas descobertas nesses tantos rios, muito embora haja alguns bem grandes, existem outros tão pequenos, que podem ser tudo menos rios, pois não têm mais que dois dedos de água e logo se acha a nascente, para os quais não só seria proveitoso dispor de garimpeiros para colhê-lo na areia como também de outros para extraí-lo do solo, que será o mais especial e em maior quantidade. E por isso seria bom que Suas Majestades enviassem garimpeiros ou dos que trabalham nas minas lá em Almadén, para que, de uma maneira ou doutra, faça-se o trabalho, muito embora não se pretenda esperar por eles, pois com os que temos aqui confiamos, com a graça de Deus, tão logo a tripulação esteja curada, chegar a uma grande porção de ouro para as primeiras caravelas que partirem.

Outrossim: Suplicareis a Suas Majestades, de minha parte e mui humildemente, que queiram considerar como muito bem recomendado Villacorta, que, como Suas Majestades sabem, muito trabalhou nestas negociações e com muito boa vontade, sendo, segundo meu conhecimento, pessoa diligente e afeiçoada ao serviço. Receberei como favor que se lhe dê algum cargo de confiança para o qual seja suficiente e possa demonstrar diligência e desejo de servir; e disso tratareis de forma que Villacorta saiba que, em virtude do que fez por mim em tudo o que precisei, mostro meu reconhecimento.

Outrossim: Que os mencionados mossén Pedro, Gaspar, Beltrán e outros que aqui ficaram, vieram no comando de caravelas, que agora já não têm, e nem gozam de soldo; mas, por serem tais pessoas que se hão de colocar à frente de coisas importantes e de confiança, não lhes foi determinado soldo diferenciado dos demais, suplicareis de minha parte a Suas Majestades para que fique determinado o que se há de dar por ano ou por mês, como melhor lhes aprouver.

Redigido na cidade de Isabela aos 30 dias de janeiro do ano de 1494.

A Terceira Viagem
(1498-1500)

A terceira viagem de Colombo foi preparada cuidadosamente durante dois anos. Em guerra contra a Itália, os reis encontraram dificuldades para financiar a expedição e Colombo teve problemas para recrutar a tripulação: o massacre do Forte Navidad e o contágio da sífilis afastaram os marinheiros do famoso Almirante. Superados os impasses, Colombo partiu do porto de San Lucas em 30 de maio de 1498, comandando uma frota de seis barcos, dividida em dois grupos de três navios que tomaram rotas diferentes. Em 31 de julho, o grupo no qual viajava Colombo avistou a ilha de Trinidad, localizada quase na foz do rio Orinoco – os europeus desembarcaram pela primeira vez em terras da América do Sul. Dali, Colombo rumou até a cidade de Santo Domingo, na ilha Espanhola, onde chegou em 20 de agosto, deparando-se com uma situação conturbadíssima: a guerra civil entre os colonos era iminente. As notícias do conflito chegaram à Espanha e Colombo perdeu o título de Governador Geral das Índias. O novo ocupante do cargo, Francisco de Bobadilla, enviou-o de volta para a Espanha: acorrentado! Em outubro de 1500, o Almirante desembarcou prisioneiro em Cádiz e só foi liberado seis semanas mais tarde.

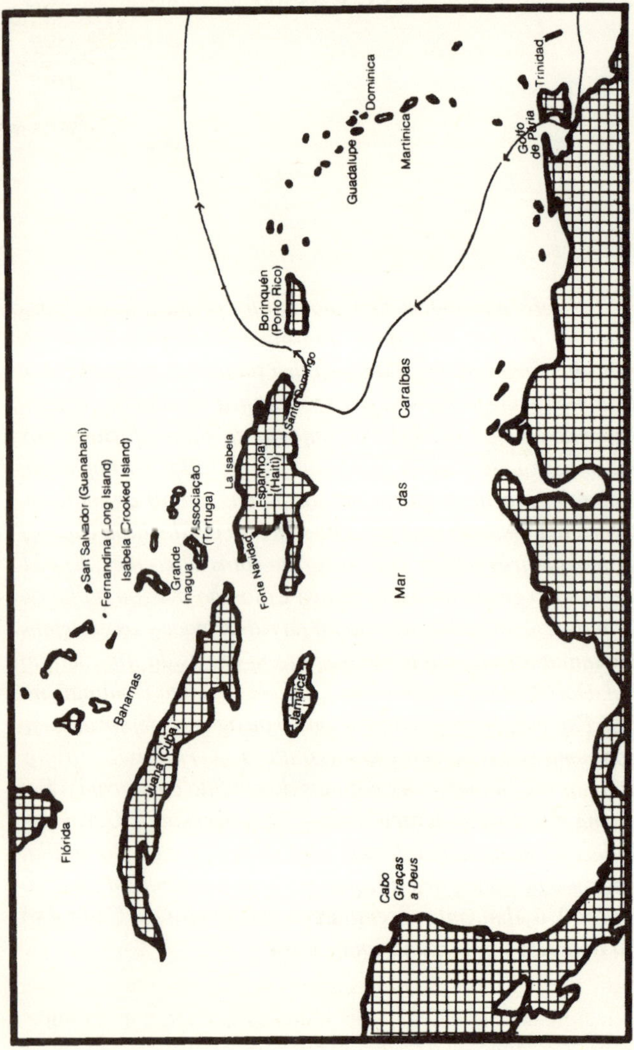
Flórida
Juana (Cuba)
Bahamas
San Salvador (Guanahani)
Fernandina (Long Island)
Isabela (Crooked Island)
Grande Inagua
Associação (Tortuga)
La Isabela
Espanhola (Haiti)
Forte Navidad
Santo Domingo
Jamaica
Borinquén (Porto Rico)
Guadalupe
Dominica
Martinica
Golfo de Paria
Trinidad
Mar das Caraíbas
Cabo Graças a Deus

Carta do Almirante aos Reis Católicos

Sereníssimos e mui augustos e poderosos soberanos, Rei e Rainha, nossos Monarcas: A Santíssima Trindade moveu Vossas Majestades a esse empreendimento das Índias e por infinita bondade me elegeu seu mensageiro, para o qual vim com a missão de seu real conspecto, movido também como os mais augustos soberanos cristãos, que tanto se empenham pelo engrandecimento da fé. As pessoas que opinaram a respeito consideraram a empresa impossível, baseando suas estimativas em despesas incalculáveis, onde concentraram-se as críticas. Dediquei a isso seis ou sete anos de grandes dissabores, demonstrando da melhor maneira a meu alcance quanto serviço se poderia fazer por Nosso Senhor no sentido de levar seu santo nome e fé a tantos povos, e como tudo era obra de excelente qualidade, boa fama e glória para grandes soberanos. Foi também preciso frisar os valores temporais, quando se lhes demonstrou os manuscritos de tantos sábios dignos de fé, e que escreveram histórias em que contavam como nesses lugares existiam vastas riquezas, e mesmo assim foi necessário invocar o conceito e a opinião daqueles que descreveram e situaram o mundo[1]. Por fim, Vossas Majestades determinaram que se pusesse isso em prática. Aqui mostraram o grande coração que sempre tiveram em tudo que fosse relacionado à grandeza, pois todos os que emitiam opiniões sobre o assunto e tomavam conhecimento das gestões foram unânimes em considerá-lo como embuste, à exceção de dois

---
1. Colombo refere-se a Marco Polo e Pedro d'Ailly. (N.E.)

frades[2], que sempre nos apoiaram. Eu, apesar de cansado, estava e ainda estou absolutamente convencido de que isso não representava obstáculo, porque a verdade é que tudo passa, menos a palavra de Deus, e se cumprirá exatamente o que disse; e Ele falou tão claro pela boca de Isaías em tantos trechos das Escrituras, afirmando que da Espanha lhes seria elevado o seu santo nome. E parti em nome da Santíssima Trindade, e voltei com a maior rapidez, trazendo em mãos a prova de tudo o que tinha afirmado. Vossas Majestades tornaram a enviar-me e, em curto espaço de tempo, afirmo, descobri, por mérito divino, trezentas e trinta e três léguas de terra firme, nos confins do Oriente, e setecentas ilhas com nome[3], além do que já havia sido descoberto na primeira viagem, e conquistei a ilha Espanhola, cujo território é mais extenso que a Espanha, onde os habitantes são inúmeros e todos pagarão tributo.[4] Aí teve início a maledicência e o menosprezo pelo empreendimento recém-começado, porque não enviei imediatamente os navios carregados de ouro, sem que se levasse em conta a exiguidade do tempo, além dos múltiplos obstáculos que relatei; e isso, para mal dos meus pecados ou, como creio que será, para a minha salvação, causou contrariedades e provocou o embargo de tudo o que eu dizia ou solicitava. Pelo que resolvi vir à presença de Vossas Majestades e de tudo assombrar-me, mostrando-lhes a razão que me levou a agir como agi, e lhes falei dos povos que tinha visto, em que ou de que modo se poderiam salvar muitas almas, e lhes trouxe os tributos da população da ilha Espanhola, de como se obrigavam a pagá-los e os tinham por seus Reis e Soberanos, além de bastantes amostras de ouro, de que há minas e pepitas muito grandes, e também de cobre; e várias qualidades de especiarias, que ficaria excessivamente longo enumerar, e lhes mencionei a vasta quantidade de pau-brasil e de uma infinidade de outras coisas. Nada disso adiantou junto a pessoas que nutriam ódio

---

2. Refere-se a Juan Pérez e Antonio de Marchena. (N.E.)

3. Trata-se de um exagero, provavelmente proposital, de Colombo. (N.E.)

4. Novo equívoco de Colombo. (N.E.)

e começavam a falar mal do empreendimento, muito menos explicar que se salvariam tantas almas para o serviço de Nosso Senhor, nem dizer que contribuiria para a grandeza de Vossas Majestades, da melhor qualidade usada até hoje por qualquer soberano, pois a atividade e as despesas destinavam-se ao espiritual e temporal e seria impossível que, com o correr do tempo, a Espanha não tirasse daqui grandes proveitos; já se viam os sinais que se escreveram sobre essas viagens tão manifestas e também se chegaria a ver o cumprimento de todo o resto, sem falar nas coisas que usaram os grandes soberanos do mundo para aumentar sua fama, como Salomão, que mandou emissários de Jerusalém aos confins do Oriente para ver o monte Sopora, em que os navios se demoraram três anos, e que hoje pertence a Vossas Majestades na Ilha Espanhola; e Alexandre, que enviou regimento para a ilha de Trapobana na Índia, e Nero César, para verificar nas nascentes do Nilo o motivo de recrudescerem no verão, quando as chuvas são raras; e tantas outras grandezas praticadas por soberanos, a quem são dadas fazer essas coisas; nem valia a pena dizer que eu nunca havia lido que os soberanos de Castela tivessem, algum dia, ganho terra fora dela, e que esta daqui é outro mundo, em que se empenharam romanos, Alexandre e os gregos, para conquistá-la com grandes campanhas; nem falar nos dias atuais, em que os Reis de Portugal encontraram ânimo para apoiar a Guiné e o seu descobrimento, e que gastaram ouro e tanta gente que quem contasse toda a população do reino verificaria que parte equivalente à metade pereceu na Guiné, e mesmo assim continuaram, até que disso resultou o que se sabe, que teve início há tanto tempo e há bem pouco que lhes dá renda; os quais também ousaram conquistar na África, apoiando a campanha a Ceuta, Tânger, Arcilla e Alcázar, e em seguida declarando guerra aos mouros; e tudo isso com grandes despesas, só para fazer coisa de príncipe, servir a Deus Nosso Senhor e ampliar seus domínios.

Quanto mais eu falava, tanto mais se esmeravam a pôr isso em vitupério, demonstrando aborrecimento, sem considerar a repercussão favorável no mundo inteiro e o elogio unânime dos cristãos a Vossas Majestades por terem se lançado a esse empreendimento; e não houve grandes nem pequenos que não solicitassem carta a respeito. Vossas Majestades responderam-me achando graça e dizendo que não me preocupasse com nada, porque não autorizavam nem davam crédito a quem os maldizia por causa desse empreendimento.

Parti em nome da Santíssima Trindade, na quarta-feira, 30 de maio, da Vila de San Lúcar, ainda cansado de minha viagem, pois onde esperava descansar, quando parti destas Índias, me foi duplicada a pena; e naveguei até à ilha da Madeira por rota a que não estava afeito, com o intuito de evitar o tumulto que poderia ocorrer se encontrasse uma esquadra da França, que me aguardava no Cabo de San Vicente, e de lá para as Canárias, de onde parti com uma nau e duas caravelas, tendo enviado o resto dos navios em rota direta para a Espanhola nas Índias. E naveguei com o vento sul, no propósito de chegar à linha equinocial e de lá seguir para o poente até que a Espanhola me ficasse a Setentrião; e, ao alcançar o arquipélago Cabo Verde, nome inexato, pois nada verde vi nelas de tão secas que são, encontrei a população tão doente, que nem ousei fazer escala, e naveguei quatrocentas e oitenta milhas a sudoeste, o que equivale a cento e vinte léguas, onde, ao anoitecer, tinha a estrela do Norte a cinco graus. Aí o vento me deixou ao desamparo e enfrentei calor tão intenso que o julguei capaz de incendiar os navios e toda a tripulação; e tudo de repente e nem tão desordenado que não houvesse pessoa que se atrevesse a descer do tombadilho para se aliviar nas vasilhas e nos mantimentos. Oito dias durou esse calor; no primeiro, o tempo se manteve claro, mas nos sete restantes choveu e ficou nublado; e, mesmo assim, não encontramos alívio; mas não há dúvida que, se tivesse feito sol como no primeiro, creio que não conseguiríamos escapar de maneira alguma.

Lembrei-me de que, navegando para as Índias, sempre que passo a cem léguas ao poente dos Açores, ali encontro mudança na temperatura e isso desde Setentrião até Austro; e determinei que, se aprouvesse a Nosso Senhor me dar vento e bom tempo, e pudesse sair de onde estava, deixaria de ir mais ao Austro, ou tampouco voltar atrás, a não ser para navegar ao Poente, a tal ponto que chegasse a me encontrar sobre essa linha, com a esperança de ali achar a sua temperatura, como já havia acontecido quando navegava no paralelo das Canárias. E que, se assim fosse, poderia então ir mais ao Austro. E quis Nosso Senhor que, ao cabo desses oito dias, me concedesse bom vento Levante; segui, então, ao Poente, mas não me atrevi a rumar mais para o sul porque me deparei com enorme mudança no céu e nas estrelas, sem todavia ocorrer alteração na temperatura. Por isso resolvi continuar sempre ao Poente, sem me desviar do rumo da Serra Leoa, com o propósito de não mudar de rota até onde havia pensado encontrar terra e ali consertar os navios e renovar, se pudesse, os mantimentos e buscar a água que não tinha. E ao cabo de dezessete dias, nos quais Nosso Senhor concedeu-me vento propício, na terça-feira, dia 31 de julho, ao meio-dia, avistamos terra, que eu já esperava na véspera, pois até então sempre me mantive naquele rumo; ao raiar do dia, por culpa da água que me faltava, resolvi ir para as Índias dos canibais, e fiz essa volta. E, como Sua Augusta Majestade sempre usou de misericórdia para comigo, por acaso subiu um marinheiro à gávea e viu, ao Poente, um conjunto de três montanhas. Dissemos a *Salve Rainha* e outras orações e rendemos, todos, muitas graças a Nosso Senhor; depois abandonei a rota do Setentrião e voltei para a terra, aonde cheguei na hora das completas a um cabo que denominei da "Galea", depois de ter chamado a ilha de "Trinidad"; e ali haveria ótimo porto, se fosse fundo, e viam-se casas, gente, e terras lindíssimas, tão bonitas e verdejantes como as hortas de Valência em março. Penalizou-me não poder entrar no porto e percorri a costa até o Poente, e, depois de cinco léguas, achei um fundo ótimo e ancorei. No dia seguinte soltei a vela nessa mesma rota, à procura de um porto para consertar os navios, buscar água, renovar o trigo e as provisões que restavam. Ali peguei um barril de água e com ele andei até chegar ao cabo, onde fiquei ao abrigo do Levante e achei bom fundo; e assim mandei ancorar, consertar as vasilhas, buscar água e lenha e desembarcar a tripulação para descansar de tanto tempo que andava penando.

A essa ponta chamei de "Arsenal" e ali se encontrou o solo todo marcado pelo rastro de animais que teriam pata igual às cabras, e, embora pareça existir muitas no local, viu-se apenas uma e morta. No dia seguinte, veio do Oriente uma grande canoa com vinte e quatro homens, todos jovens e bem aparelhados em matéria de armas, arcos, flechas e escudos de madeira, sendo todos, como já disse, jovens, de boa disposição e não negros, a não ser mais claros que outros que vi nas Índias, e de gestos muito harmoniosos, corpos bonitos e cabelo comprido e liso, cortado à maneira de Castela, com a cabeça amarrada por um pano de algodão, tecido com bordados e cores, a meu ver servindo de toucado. Traziam outro desses panos na cintura, cobrindo-se com ele, no lugar de tangas. Quando a canoa chegou, falaram de muito longe. Nem eu nem ninguém entendeu o que diziam, limitando-me a lhes fazer sinal para que se aproximassem; nisso gastou-se mais de duas horas, e quando se aproximavam, em seguida se desviavam. Eu mandava mostrar-lhes bacias e outras coisas brilhantes, para atraí-los para o nosso lado, e ao cabo de algum tempo foram se aproximando um pouco mais; eu queria muito conversar com eles e não dispunha de mais nada que me parecesse que serviria para atraí-los; então mandei subir um tamborim ao castelo da popa para que tocassem e alguns marinheiros dançassem, acreditando que se aproximariam para ver a festa mais perto. E, logo que viram que estavam tocando e dançando, todos largaram os remos, pegaram os arcos e, protegendo-se cada um com o seu escudo de madeira, começaram a nos atirar flechas. Imediatamente interrompeu-se a música e a dança e eu mandei logo sacar uns trabucos até que desistiram, dirigiram-se para outra caravela e de repente passaram por baixo da popa; o piloto entrou na canoa e deu um saio e um gorro para o índio que lhe pareceu o mais importante do grupo, combinando que iria conversar com ele na praia, para onde logo foram com a canoa, a fim de esperá-lo. E o piloto, como não quisesse ir sem a minha permissão, ao ser visto por eles vindo de barco para a nau, fez com que tornassem a embarcar na canoa e partissem; e nunca mais os vi, nem a quaisquer outros, nessa ilha.

Quando cheguei a esta ponta do Arsenal, verifiquei que ali se abre uma foz de duas léguas de largura, do Poente ao Levante, entre a ilha de Trinidad e a terra de Gracia[5], e que para poder entrar e passar ao Setentrião era preciso enfrentar correntezas que atravessavam aquela foz e faziam um barulho enorme. E imaginei que houvesse um recife de baixios e penhascos, que impediriam a nossa passagem; e por trás dessa primeira haveria outra correnteza e mais outra, todas fazendo um estrondo tão grande como a onda do mar quando quebra e bate de encontro a rochedos. Ancorei ali, na referida ponta do Arsenal, fora da mencionada foz, e achei que as águas vinham do Oriente para o Poente com o mesmo ímpeto que ocorre em Guadalquivir em tempo de enchente e isso sem parar, noite e dia, e até expus que não poderia retroceder por causa da correnteza, nem seguir adiante por causa dos baixios. E de noite, já bem tarde, estando a bordo da nau, escutei um barulhão tremendo, proveniente do lado do Austro, e me parei a olhar e vi levantando o mar de Poente a Levante, na forma de uma elevação da altura da nau, mas que se aproximava aos poucos, e, por cima dela, uma correnteza fazendo tal estrondo, com a mesma fúria daquele rumor das outras correntezas que disse que me pareciam ondas do mar batendo de encontro a rochas, que até agora ainda sinto no corpo o medo de que fossem me emborcar a nau quando passassem por baixo dela; e passou e chegou à foz, onde se deteve durante muito tempo. No dia seguinte enviei os barcos para proceder sondagens, e descobri que na parte mais baixa da foz havia seis ou sete braças de profundidade, enquanto as correntezas não paravam de entrar e sair; e quis o Nosso Senhor conceder-me bom vento, e atravessei pela foz adentro e logo encontrei tranquilidade, e por acaso se tirou água do mar, que achei doce. Naveguei a Setentrião até chegar a uma serra muito alta, que dista cerca de vinte e

---

5. Trata-se da foz do Orinoco. (N.E.)

seis léguas dessa ponta do Arsenal, e ali encontrei dois cabos de terra bem alta, um do lado do Oriente, pertencente à mesma ilha de Trinidad, e outro do Ocidente, da terra que denominei de Gracia, onde se abre numa foz bastante estreita, menor que a da ponta do Arsenal; e lá havia as mesmas correntezas e um estrondo de águas idêntico ao da ponta do Arsenal, e mesmo assim o mar era de água doce. Até então eu ainda não tinha falado com nenhum habitante dessas regiões, o que muito me agradaria; por isso naveguei ao longo da costa na direção do Poente; e, quanto mais andava, mais achava a água do mar doce e gostosa, e, depois de muito navegar, cheguei a um lugar onde as terras me pareceram lavradas. Ancorei, enviei os barcos à margem[6], e descobriram que fazia pouco tempo que a população tinha-se ido embora dali e que o morro era completamente coberto por gatunhas pantanosas. Voltaram e, como a região fosse serrana, tive a impressão de que as terras mais para o lado do Poente deveriam ser planas e, por isso, povoadas. E mandei levantar âncora e percorri a costa até o cabo dessa serra, e ali ancorei num rio; em seguida apareceu muita gente, dizendo que o lugar chamava-se "Pária" e que dali para o Poente era mais povoado Peguei quatro deles e depois naveguei na direção indicada, e, percorridas mais oito léguas além de uma ponta que denominei de "Agulha", encontrei terras dignas de figurar entre as mais bonitas do mundo e muito povoadas. Cheguei de manhã, à hora de terça,[7] e ao ver tanta vegetação e beleza, resolvi ancorar e conhecer aquela gente, da qual logo vieram em canoas até à nau para pedir, da parte do cacique, que eu desembarcasse. E, quando viram que eu não pretendia atendê-los, insistiram com uma infinidade de canoas; vários usavam peças de ouro no pescoço, enquanto outros traziam pérolas amarradas nos braços; muito me alegrei quando as vi e tratei de saber onde as encontravam, e me responderam que era do lado norte.

---

6. É a primeira vez que o homem branco chega à América do Sul. O lugar exato ainda é desconhecido. (N.E.)

7. Terça, hora canônica, correspondente às nove da manhã. (N.E.)

Gostaria de ter ficado mais, porém as provisões que trazia, trigo, vinho e carne para toda esta gente que está aqui, iam acabar estragando, depois do trabalho que passei para consegui-las, e por isso só queria seguir viagem até deixá-las em lugar seguro e não parar para coisa alguma. Tratei de guardar as pérolas e enviei os barcos à terra: esses habitantes são em grande número e todos parecem de boa índole, da mesma cor dos anteriores e muito afáveis. A parte da tripulação que desembarcou em terra achou que eram bem razoáveis, os tendo recebido com todas as honras: dizem que, logo que os barcos chegaram à margem, vieram duas pessoas importantes acompanhadas por todo o povoado; acreditam que uma fosse o pai e a outra o filho, e os conduziram a uma casa enorme, construída a duas léguas dali, e não redonda como tenda de acampamento, como costumamos encontrar, e onde havia muitas cadeiras. Fizeram com que sentassem, ocupando as restantes; e mandaram trazer pão e muitas variedades de fruta e de vinho, branco e tinto, mas que não é feito de uvas; deve ser de diversos tipos de fruta, e mesmo assim deve ser de milho, que é uma semente de onde brota uma espiga igual à maçaroca, que levei para aí e já tem muito em Castela, e parece que aquele que bebesse melhor era considerado com maior apreço. Os homens estavam todos juntos a uma extremidade da casa, e as mulheres na outra.

De ambas as partes ficaram penalizados, pois não se entendiam, eles para perguntar sobre a nossa pátria e nós para saber da sua. E, depois de terem feito uma refeição leve na casa do mais velho, o mais moço levou-os à dele, onde fez o mesmo, e aí então entraram nos barcos e voltaram para a nau; e logo levantei âncora, pois estava com muita pressa de entregar os mantimentos que corriam risco de estragar e que me haviam custado tanto trabalho; e também para poder descansar, que adoeci de tanto manter os olhos abertos. Nem na viagem em que descobri a terra firme[8], quando passei trinta e três dias sem conseguir dormir e permaneci tanto tempo sem

---

8. Refere-se a Cuba. (N.E.)

enxergar, os olhos me incomodaram tanto, ficando injetados de sangue, e com tantas dores, como agora.

 Esta gente, como já disse, é toda de estatura imponente, altos de corpo e de gestos muito harmoniosos, cabelo bem comprido e liso, e trazem as cabeças cingidas por panos bordados, como já expliquei, lindíssimos, que de longe parecem de seda e gase; usam outro, maior, atado à cintura, cobrindo-se com ele em lugar de tangas, tanto os homens como as mulheres. A cor desta gente é mais branca que qualquer outra que eu tenha visto nas Índias; todos usavam no pescoço e nos braços alguma coisa à maneira destas regiões e muitos traziam peças de ouro penduradas ao pescoço. As suas canoas são grandes e mais bem-feitas do que as outras, e também mais leves, e no meio de cada uma tem uma repartição feito câmara, onde notei que andavam as pessoas importantes com as suas mulheres. Dei a esse lugar o nome de "Jardins", por ser o que lhe convém. Muito me esforcei para descobrir de onde tiram o ouro, e todos me indicaram uma terra que lhes fica fronteiriça do lado do Poente, bem montanhosa, mas não distante; me aconselharam, porém, a não ir até lá, porque é um lugar onde comem gente, e então entendi que queriam dizer que havia canibais, como outros que já encontramos, e depois lembrei que poderia ser que dissessem isso porque ali existiriam feras. Também perguntei de onde vinham as pérolas e também responderam que era do lado do Poente e do norte, por trás dessa terra em que se encontravam. Não pude ir verificar por causa da preocupação com os mantimentos, da inflamação dos meus olhos e dessa nau tão grande que trouxe e que não serve para esse tipo de façanha. E, como não dispúnhamos de muito tempo, gasto quase todo em perguntas, voltamos para os navios, pois já estava na hora de vésperas, como disse.

 Logo levantei âncora e naveguei para o Poente; e fiz o mesmo no dia seguinte, até que vi que contava com apenas três braças de profundidade; crendo, contudo, que devia ser uma ilha e que poderia sair pelo lado norte, mandei na frente uma caravela mais veloz, para ver se existia saída ou se estava fechado, e assim percorri um grande trecho, até chegar a um golfo muito grande, no qual parecia haver outros quatro de tamanho médio, sendo que de um deles saía um rio larguíssimo; acharam sempre cinco braças de profundidade e a água muito doce, em quantidade tão grande que bebi como nunca. Fiquei muito contrariado quando percebi que não podia sair pelo norte nem recuar ao Austro ou ao Poente, porque estava cercado de terra por todos os lados, e assim levantei âncora e voltei para trás, para sair ao norte pela foz que mencionei acima, e não pude refazer o caminho passando pelo povoado onde estivemos antes, por causa das correntes que nos desviaram dele. E sempre, em todo cabo, achava a água doce, transparente e que me levava para o Oriente com muito ímpeto para as duas fozes que já citei; e então cheguei à conclusão de que as correntes e aquelas elevações que saíam e entravam por essas fozes, com tal estrondo, resultavam do choque entre a água doce com a salgada. A doce empurrava a outra para que não entrasse, e a salgada para que a outra não saísse; e deduzi que ali, na confluência dessas duas fozes, já existiu terra ininterrupta da ilha de Trinidad com a de Gracia, como poderão ver Vossas Majestades pelo desenho que mando junto. Saí por essa foz do norte e achei que a água doce sempre vencia, e quando passei, o que consegui com a força do vento, encontrando-me numa daquelas elevações, notei que na parte interna da corrente a água era doce e, na externa, salgada.

Quando naveguei da Espanha para as Índias logo verifiquei, ao passar cem léguas a Poente dos Açores, uma enorme diferença no céu e nas estrelas, e na temperatura do ar e nas águas do mar, e de muito me valeu a experiência.

Acho que, de Setentrião em Austro, passando as ditas cem léguas das referidas ilhas, as bússolas de navegação, que até então nordesteiam, imediatamente noroesteiam uma quarta de vento por completo; e isso ao chegar ali, naquela linha, como quem transpõe uma costa, e ainda assim encontra o mar todo cheio de algas, de uma qualidade que lembra raminhos de pinheiro, e muito carregadas de uma fruta que parece aroeira, e tão espessas que na primeira viagem pensei que fossem baixios e que os navios iam encalhar[9], e até chegar a essa linha não se acha um só raminho. Vejo também, ao chegar ali, que o mar é muito suave e liso, e mesmo que vente com força, nunca se agita. Da mesma forma, no âmbito da referida linha, do lado do Poente, noto que a temperatura do céu é bem suave e sem grandes discrepâncias, tanto no inverno como no verão. Quando passo por lá, vejo que a estrela do Norte descreve um círculo, que tem cinco graus de diâmetro, e estando a constelação da Ursa Menor no braço direito, a estrela então fica mais baixa, e se vai levantando até chegar ao braço esquerdo, e aí fica a cinco graus; e dali vai descendo até chegar de novo ao braço direito.

Procedente da Espanha, cheguei agora à ilha da Madeira, dali seguindo para as Canárias e depois para as ilhas de Cabo Verde, de onde parti para navegar ao Austro até abaixo da linha equinocial, como já disse. Chegando a ficar em linha reta com o paralelo que passa pela Serra Leoa na Guiné, encontrei um calor tão forte e raios de sol tão ardentes que pensei que fossem me queimar, e por mais que chovesse e o céu estivesse muito nublado, sempre me sentia cansado, até que Nosso Senhor nos concedeu bons ventos e me deu ânimo para navegar para o Ocidente com esse denodo, que, ao chegar à linha que mencionei, ali me depararia com uma grande mudança na temperatura. Depois que me coloquei de modo a manter-me em linha reta com essa linha, logo senti que a temperatura do céu estava muito branda e, quanto mais avançava, mais amena ficava; mas também notei que isso não se aplicava às estrelas.

Sempre li que o mundo, formado por terra e água, era esférico, e as autoridades e experiências de Ptolomeu e tantos outros, que descreveram essa região, comprovavam isso, quer pelos eclipses da lua e outras demonstrações que fazem de Oriente para Ocidente, como da elevação do polo

---

9. Nova referência ao Mar dos Sargaços. (N.E.)

em Setentrião em Austro. Agora vi tanta desconformidade, como já disse, que passei a considerar o mundo de maneira diversa, achando que não é redondo do jeito que dizem, mas do feitio de uma pera que fosse toda redonda, menos na parte do pedículo, que ali é mais alto, e que essa parte do pedículo seja mais elevada e mais próxima do céu, e se localize abaixo da linha equinocial, neste mar Oceano, nos confins do Oriente. Eu chamo de confins do Oriente o ponto onde acabam toda a terra e as ilhas, e para isso acrescento todas as razões já descritas sobre a linha que passa ao Ocidente das ilhas dos Açores a cem léguas de Setentrião em Austro, que, ao passar dali ao Poente, já vão os navios erguendo-se suavemente para o céu, e então se goza da temperatura mais branda e se muda a bússola de navegação por causa da brandura dessa quarta de vento; e quanto mais se avança e se ergue, mais noroesteia, e essa altura causa a alteração do círculo que a estrela do Norte descreve com a constelação da Ursa Menor; e, quanto mais eu me aproximar da linha equinocial, mais alto subirão e maior será a diferença entre as referidas estrelas e seus respectivos círculos. E Ptolomeu e os outros sábios que descreveram este mundo acreditaram que fosse esférico, supondo que este hemisfério também seria redondo, tal como aquele onde estavam, que tem por centro a ilha de Arín, situada sob a linha equinocial entre o signo árabe e o da Pérsia, sendo que o círculo passa sobre o Cabo de São Vicente em Portugal pelo Poente, e passa no Oriente por Cangara e pelas Seras[10], em cujo hemisfério não me consta que exista alguma dificuldade, a não ser que seja esférico redondo, como pretendem. De modo que desta metade não houve notícia. Por ser bem desconhecido, Ptolomeu e os outros que descreveram o mundo só se concentraram no hemisfério onde estavam, que é redondo esférico, como disse acima. E, agora que Vossas Majestades determinaram que fosse navegado, vasculhado e descoberto, fica evidentíssimo, pois, encontrando-me eu nesta viagem a vinte graus a

---

10. Seras é o nome que Ptolomeu dava à China. (N.E.)

Setentrião da linha equinocial, ali localizava-se em linha reta a Hargin e àquelas terras: e ali a população é negra e a terra muito queimada e, depois que fui às ilhas de Cabo Verde, em cujas terras o povo é bem mais negro, e quanto mais se desce em direção ao Austro tanto mais chegam ao extremo, de maneira que de lá, em linha reta de onde eu estava, que é a Serra Leoa, onde ao anoitecer se erguia a estrela do Norte a cinco graus, ali a população é negra na maioria, e depois que naveguei a partir daí para o Ocidente, passando por calores tão excessivos e pela linha mencionada, verifiquei um grande aumento na temperatura, passando a navegar tão depressa que, quando cheguei à ilha da Trinidad, onde ao anoitecer a estrela do Norte também se erguia a cinco graus, lá e na terra de Gracia encontrei temperatura extremamente amena, e terras e árvores muito verdes e tão bonitas como as hortas de Valência em abril; e o povo de lá é de estatura muito imponente e mais branco do que outros que vi nas Índias, e com cabelo bem comprido e liso, sendo gente mais astuta, de maior engenho e nada covarde.

A Sagrada Escritura atesta que Nosso Senhor criou o paraíso terrestre, nele colocando a árvore da vida, e de onde brota uma fonte de que resultam os quatro maiores rios deste mundo: o Ganges na Índia; o Tigre e o Eufrates, que separam a serra, dividem a Mesopotâmia e vão desembocar na Pérsia, e o Nilo, que nasce na Etiópia e acaba no mar, em Alexandria.

E não encontro nem jamais encontrei nenhuma escritura de latinos ou gregos que indique, com segurança, o lugar em que se situa neste mundo o Paraíso terrestre; nem tampouco vi em nenhum mapa-múndi, a não ser localizado com autoridade de argumento. Alguns o colocavam ali onde ficam as fontes do Nilo, na Etiópia; mas outros percorreram todas essas terras e não encontraram nenhuma correspondência na temperatura do ar, na altura até o céu, pela qual se pudesse compreender que era ali, nem que as águas do dilúvio houvessem chegado até lá, as quais tudo cobriram etc. Alguns infiéis tentaram provar, com argumentos, que ficava nas ilhas Fortunatas, ou seja, as Canárias.

Santo Isidro, Beda, Strabo, o mestre da história escolástica, Santo Ambrósio, Scoto e todos os teólogos concordam que o Paraíso terrestre se encontra no Oriente etc.

Creio que, se eu passasse abaixo da linha equinocial, ao chegar lá, na parte mais alta, encontraria temperatura muito maior e diferença nas estrelas e nas águas; não porque creia que ali onde a altura seja máxima seja também navegável ou haja água, nem que se possa subir até lá, mas porque creio que ali é o Paraíso terrestre, aonde ninguém consegue chegar, a não ser pela vontade divina[11]. E creio ainda que esta terra que Vossas Majestades agora mandaram descobrir seja imensa e tenha muitas outras no Austro, de que jamais se ouviu falar.

Sei perfeitamente que as águas do mar levam seu curso do Oriente para o Ocidente, junto com os céus, e que ali, nessa região, quando passam, fazem rota mais rápida, e por isso devoraram tanta parte da terra. Porque por isso existem aqui tantas ilhas e elas mesmas prestam testemunho disso, porque todas, sem exceção, são largas de Poente a Levante e de Noroeste a Sudeste, que é um pouco mais alto e mais abaixo; e aqui, em todas elas, nascem coisas maravilhosas, por causa da amena temperatura que lhes emana do céu, por estar na parte mais alta do mundo.

Plínio escreve que o mar e a terra constituem uma única esfera, e atribui a este mar Oceano a maior quantidade de água, que está perto do céu, e que a terra fica por baixo e o sustenta, sendo um ligado ao outro feito o âmago da noz com a camada grossa que vem colada nele. O mestre da história eclesiástica sobre o Gênesis diz que as águas são bem poucas, que, embora quando foram criadas cobrissem toda a terra, eram evaporáveis em forma de neblina e que, depois que ficaram sólidas e ajuntadas, ocuparam pouquíssimo lugar, no

---

11. Colombo acredita ter chegado ao Paraíso terrestre, por isso achava que se encontrava nas proximidades do Ganges, um de seus quatro rios. (N.E.)

que concorda Nicolau de Lira. Aristóteles diz que este mundo é pequeno e a água muito escassa e que facilmente se pode passar da Espanha às Índias, o que é confirmado por Avenruíz e aduzido pelo cardeal Pedro de Aliaco, autorizando a afirmar isso; e Sêneca, que concorda com eles, diz que Aristóteles pôde saber muitos segredos do mundo por causa de Alexandre Magno, Sêneca por causa de Nero, e Plínio com relação aos romanos, que gastaram dinheiro e gente, empenhando-se em conhecer os segredos do mundo e divulgá-los aos povos; o mesmo cardeal lhes dá grande crédito, mais que Ptolomeu a outros gregos e árabes, e confirma, dizendo que a água é pouca, sendo pequena também a parte do mundo coberta por ela, a respeito do que se dizia para ratificar Ptolomeu e seus adeptos: quanto a isso, basta citar Esdras em seu terceiro livro, onde declara que das sete partes do mundo, seis são descobertas, e a sétima está imersa em água, citação aprovada por santos, que também citam o terceiro e quarto livro de Esdras, assim como Santo Agostinho e Santo Ambrósio, em seu "Exameron", onde acrescenta: ali virá meu filho Jesus e morrerá meu filho Cristo; e dizem que Esdras foi profeta, da mesma forma que Zacarias, pai de São João, e o eremita Simão, autoridades também citadas por Francisco de Mairones: no que diz respeito à parte enxuta da terra, muito se tentou, bem mais do que o vulgo supõe; e não há por que se admirar, porque, quanto mais se anda, mais se aprende.

Volto ao meu assunto da terra de Gracia, do rio e do lago que ali encontrei, tão grande que seria mais justo considerá-lo mar, pois "lago" é lugar de água e, sendo grande, se diz "mar", como se chamou ao mar da Galileia e ao mar Morto, e eu afirmo que esse rio emana do Paraíso terrestre e de terra infinita, pois do Austro até agora não se teve notícia, mas a minha convicção é bem forte de que ali, onde indiquei, fica o Paraíso terrestre, e em meus ditos e afirmações me apoio nas razões e autoridades supracitadas.

E agora o Adiantado, com três navios bem aparelhados, irá investigar mais adiante, e descobrirão tudo o que puderem por aqueles lados. Enquanto isso, enviarei a Vossas Majestades este relatório e o desenho da terra[12], para decidirem sobre o que se deve fazer e me enviarem as ordens, que se cumprirão com a ajuda da Santíssima Trindade com o máximo empenho, de modo que Vossas Majestades sejam atendidas e fiquem satisfeitas. – *Deo gratias.*

---

12. Esse desenho não se conservou, mas deve ser o que foi visto por Alonjo de Hojeda e que acabou resultando na expedição que ele fez, junto com Américo Vespúcio (cujo relato foi publicado na coleção L&PM/História), ao golfo de Pária. (N.E.)

A Quarta Viagem
(1502-04)

A quarta e última viagem de Colombo às Índias teve início em maio de 1502. Com 51 anos, o Almirante era um homem fatigado, obscurecido pela sombra do fracasso. Seu título de Vice-Rei Geral era mera etiqueta. Mesmo assim, conseguiu reunir quatro embarcações, leves e de menor preço, que demonstram a diminuição de seu prestígio e a intenção exploratória da expedição, que Colombo batizou de "Alto Viaje" devido ao sonho de encontrar uma passagem para o Oriente. A miragem persistia...

O Atlântico foi cruzado em 21 dias apenas. Depois de explorar novamente as Antilhas, Colombo atingiu a costa do Panamá sem, é claro, encontrar a passagem para a China. De volta à Espanha, em 1504, não passava de um marinheiro entre outros. Com a morte de sua protetora, a Rainha Isabel, seu prestígio caiu ainda mais. Em breve, o Almirante não mais sonharia.

158

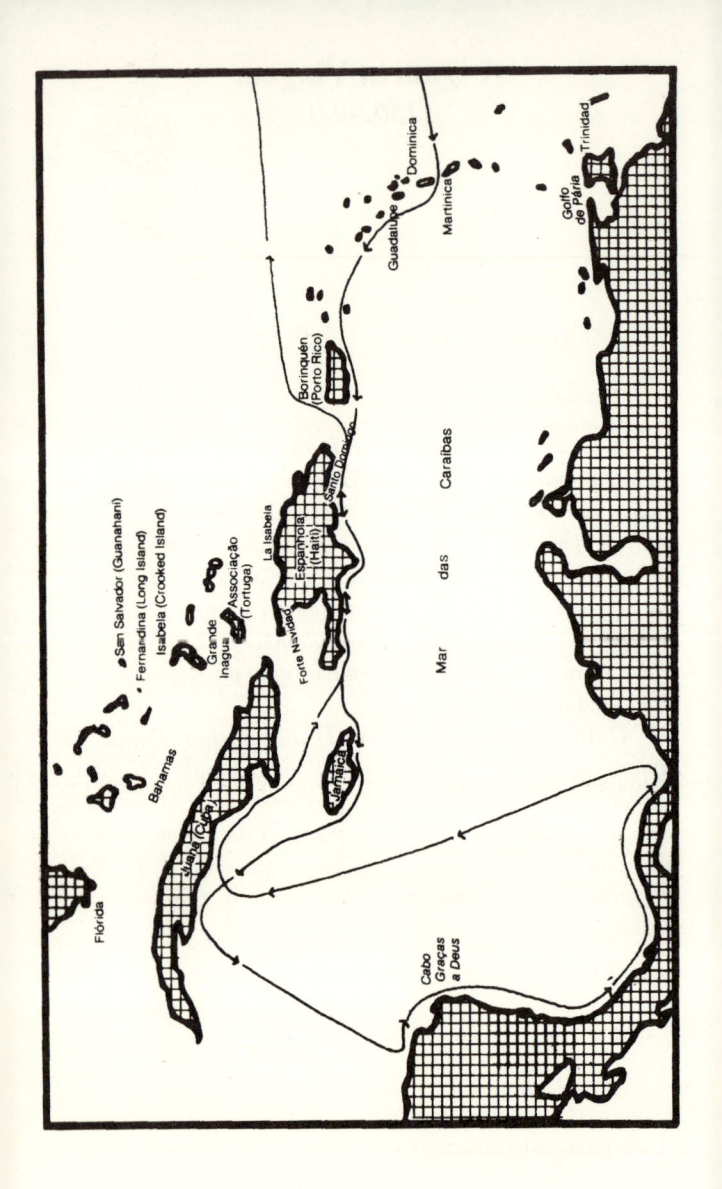

Carta do Almirante aos Reis Católicos

Sereníssimos, mui augustos e poderosos monarcas, Rei e Rainha, nossos Soberanos: De Cádiz fui às Canárias em quatro dias, e dali às Índias em dezesseis, de onde escrevo[1]. A minha intenção era apressar a minha viagem enquanto tinha navios[2], tripulação e provisões em bom estado, e minha rota passava pela ilha de Jamaica; e na Dominica escrevi isso. Até então não me sobrou tempo para nada. Na noite em que ali cheguei caiu grande temporal, que me perseguiu sempre.

Quando aportei na Espanhola mandei o pacote de cartas, pedindo o favor de receber um navio, pois um dos que trouxe estava inutilizável e não aguentava as velas[3]. As cartas foram enviadas e confio que tenham merecido resposta. Para mim, bastou sair daí para não saber se suportaria a travessia ou chegaria ao destino. A tripulação que me acompanhava perdeu o ânimo, de medo que os levasse longe demais, afirmando que, se corressem algum risco, ali é que não teriam salvação: pelo contrário, contavam como certa alguma grande desgraça. Também a quem rogo diz que só o comendador haveria de abastecer todas as terras que eu conquistasse.

A tempestade foi terrível, e naquela noite me despedaçou os navios: cada um chegou ao destino sem esperanças, a não

---

1. Colombo escreveu da Jamaica, um mês após sua chegada. O relato da Quarta Viagem é conhecido como *Lettera Rarissima*. (N.E.)

2. Eram quatro navios: a caravela *Santa Maria* e as naus *Santiago*, *Gallega* e *Vizcaina*. (N.E.)

3. Colombo chegou a Santo Domingo em 29 de junho, mas o governador Ovando não o deixou desembarcar, apesar da tormenta que se aproximava. (N.E.)

ser a de morrer; e todos tinham certeza de que os demais estavam perdidos. Quem, à exceção de Job, nasceu sem morrer desesperado? como, pela minha salvação e a de meu filho, de meus irmãos e amigos, seria com semelhante tempo defendida a terra e os portos que, pela vontade de Deus, conquistei para a Espanha suando sangue?

E volto aos navios, que a tempestade me arrebatou, e me deixou sozinho. Nosso Senhor os coloca à minha frente quando lhe imploro. O navio *Ressabiado* lançou-se mar afora, para escapar, até à ilha Galega: perdeu o barco e boa parte dos mantimentos; o que eu navegava, extraordinariamente cheio de carga, Nosso Senhor poupou, pois nem uma palha sofreu dano. No *Ressabiado* ia meu irmão; e ele, depois de Deus, foi a sua salvação. E com esse vendaval, assim às cegas, cheguei à Jamaica; ali, o mar passou de agitado à calmaria; e uma grande corrente me levou ao Jardim da Rainha sem ver costa alguma. De lá, quando pude, naveguei para terra firme, onde irrompeu o vento e uma terrível corrente contrária; lutei sessenta dias contra ambos e no fim não pude avançar mais de setenta léguas.

Durante esse tempo todo não encontrei guarida, pois não pude nem me deixaram as tormentas do céu, da água, trovões e relâmpagos inacabáveis: mais parecia o fim do mundo[4]. Cheguei ao cabo de "Graças a Deus" e ali Nosso Senhor me concedeu vento e corrente propícios. Isso foi a 12 de setembro. Fazia oitenta e oito dias que essa espantosa tempestade não me dava trégua, a ponto de não ver o sol nem as estrelas pelo mar; os navios já estavam com rombos, as velas rasgadas, as âncoras, enxárcias, cabos, tudo perdido, junto com os barcos e muitas provisões, e a tripulação toda doente e contrita, vários com promessas religiosas e não poucos com outros votos e romarias, até terminar o mau tempo.

Cheguei à terra de Cariay[5], onde parei para recuperar os navios e as provisões, e dar alento à tripulação, que estava

---

4. Depois da tempestade de 29 de junho, Colombo se refugiou em Porto Hermoso e chegou à Jamaica em 16 de julho. (N.E.)

5. Na atual Costa do Mosquito, no Panamá. (N.E.)

muito doente. Eu que, como disse, por várias vezes me vi às portas da morte, soube ali das minas de ouro da província de Ciamba[6], que tanto procurava. Dois índios me levaram a Carambaru, onde a população anda nua e usa no pescoço um espelho de ouro; mas não quiseram vender nem fazer permuta. Indicaram vários lugares na costa marítima, onde diziam que havia ouro e minas; o mais próximo era Veragua[7], que distava cerca de vinte e cinco léguas dali. Parti com a intenção de tentar todos, e, chegando já na metade do caminho, soube que havia minas a dois dias de percurso. Nessa noite o mar e o vento se agitaram de tal forma que foi preciso correr para onde nos levaram; e o chefe dos índios das minas sempre ao meu lado.

Num abrigo descontei dez dias de grande sorte com o mar e com o céu; ali decidi não voltar atrás para procurar as minas e considerei-as já conquistadas. Parti, para prosseguir minha viagem, debaixo de chuva; cheguei ao porto de Provisões, onde entrei e não de bom grado. A tempestade e uma grande corrente me fizeram perder ali catorze dias; depois fui embora, mas não com bom tempo. Quando já tinha andado certamente quinze léguas, o vento e a corrente me impeliram com fúria para trás. Regressando ao porto de onde havia saído, encontrei no caminho o Retiro, para onde me recolhi com muito risco e aborrecimento, e bem cansado, tanto eu como os navios e a tripulação. Ali mudei de decisão e resolvi voltar às minas e para ter alguma coisa para fazer até que o tempo se mostrasse mais favorável para prosseguir viagem por mar. E, percorridas quatro léguas, recomeçou a tempestade e me cansou tanto, que já não atinava com mais nada. Ali senti alívio das dores da doença – mas passei nove dias em desalento, sem esperança de viver; ninguém jamais viu o mar tão agitado, feroz e coberto de espuma. Ali fiquei, naquele mar feito sangue, fervendo que nem chaleira a todo vapor. Nunca se viu céu mais aterrador:

---

6. Nome que Marco Polo deu à Conchinchina. (N.E.)
7. Nome indígena da costa ocidental do atual Panamá. (N.E.)

um dia, ardeu feito forno até de noite; e assim os raios do sol queimavam como chamas, a ponto de eu olhar para ver se não me havia levado os mastros e as velas. A tripulação estava tão alquebrada que sonhava até com a morte para se livrar de tantos padecimentos.

Quando aprouve a Nosso Senhor, voltei a Porto Gordo, onde me refiz da melhor maneira que pude. Recuei de novo para Verágua, embora a ideia não me seduzisse. Cheguei quase ao ponto em que estive antes, e aí então o vento e a corrente me foram outra vez adversos. E retornei novamente ao porto, pois não me atrevi a esperar a oposição de Saturno com mares tão desvairados em costa bravia. Isso foi no dia de Natal, na hora da missa. Voltei mais uma vez, já exausto, para o lugar de onde tinha saído, e, passado o Ano Novo, tornei a insistir. Aí Nosso Senhor colocou diante de mim um rio com porto seguro. Consegui entrar a duras penas e no dia seguinte foi que me dei conta da sorte que tive: se estivesse do lado de fora, não poderia entrar por causa do banco que havia na foz. Choveu sem parar até o dia 14 de fevereiro, e estando já a salvo a 24 de janeiro, de repente o rio irrompeu muito alto e caudaloso: quebraram-se-me as amarras e remos, e tive que levar os navios. Não resta dúvida que os vi em maior perigo do que nunca. Nosso Senhor, como sempre, nos socorreu. A 6 de fevereiro, chovendo, enviei setenta homens para explorarem a região; e a cinco léguas da costa descobriram várias minas: os índios que os acompanhavam os levaram a um morro muito alto e de lá lhes mostraram até onde se podia ver, dizendo que em toda parte havia ouro e que para o lado do Poente se demorava vinte dias para chegar às minas, e enumeraram as vilas e lugarejos mais pródigos nesse sentido. Depois fiquei sabendo que o Quibian, que tinha emprestado esses índios, lhes havia ordenado que mostrassem as minas mais distantes e difíceis, e que dentro de sua povoação, um homem, se quisesse, extraía uma infinidade de ouro em poucos dias. Os índios, seus súditos, são testemunhas que levo comigo. Os barcos chegam onde ele tem a povoação. O meu irmão voltou junto com essa gente, todos trazendo o ouro extraído em quatro horas que passaram lá na mina. Fundei uma povoação e dei muitos presentes ao Quibian, que é como chamam o cacique dessa terra. E bem sabia que a concórdia não podia durar: eles são muito simples e nossa gente é importuna; no fim, eu seria preso. Depois que viu tudo pronto e o tráfico tão intenso, resolveu botar fogo e matar todos nós. Mas o tiro lhe saiu pela culatra: quem ficou preso foi ele, com as mulheres e os filhos já grandes; se bem que sua prisão durou pouco. O Quibian fugiu da guarda de um homem honrado, a quem se rendera; e os filhos foram entregues a um piloto de navio, que os prendeu em lugar seguro.

Em janeiro a foz do rio ficou obstruída. Em abril os navios estavam todos corroídos pelas bromas e nem se podia mais mantê-los à superfície da água. A essa altura formou-se um canal no leito do rio, por onde retirei três caravelas vazias com grande dificuldade. Os barcos voltaram lá dentro para buscar sal e água. O mar ficou agitado e feroz e não permitiu que ninguém mais saísse; os índios, inúmeros, juntaram-se e mostraram-se hostis; tiveram que combatê-los e por fim matá--los. Meu irmão e todo o resto da tripulação estavam em um navio que ficou lá dentro: eu, muito só, do lado de fora, numa costa tão bravia, com febre alta e tanto cansaço; a esperança de sobreviver era nula. Exausto, adormeci gemendo. Escutei então uma voz piedosa, dizendo: "Ah, estulto e lerdo em crer e servir a teu Deus, ao Deus de todos! Que foi que Ele fez mais por Moisés ou por Davi, seu súdito? Desde que nasceste, sempre demonstrou por ti muito carinho. Quando te viu em idade de contentá-l'O, fez teu nome ressoar maravilhosamente pela terra toda. As Índias, que constituem partes tão ricas do mundo, deu para que fossem tuas. Tudo o que Ele promete, cumpre e dá em dobro. Agora mostra o prêmio por esses trabalhos e perigos que passaste servindo a outros". Eu, assim entorpecido, a tudo escutei; mas não encontrei resposta para palavras tão certas, a não ser chorar pelos meus erros. Acabou Ele, quem quer que fosse, de falar, dizendo: "Não tenhas medo; confia; todas estas atribulações estão escritas em pedra mármore e não sem motivo".

Levantei-me quando pude; e ao fim de nove dias fez calmaria. Parti em nome da Santíssima Trindade na noite de Páscoa, com os navios apodrecidos, comidos pela broma, todos cheios de buracos. Em Belém deixei um, com uma porção de coisas. Em Belpuerto fiz o mesmo. Só me restaram dois, no estado dos demais, sem barcos e sem provisões, para ter que passar sete mil milhas de mar e água ou morrer no meio do caminho com filho, irmão e tanta gente.

Cheguei a 13 de maio na província de Mago e de lá parti para a Espanhola. O mar bravio me foi adverso e tive que retroceder, sem velas. Ancorei em uma ilha, onde de saída perdi três âncoras e à meia-noite se romperam as amarras do outro navio, que veio por cima do meu de tal maneira que é de admirar que não tenhamos rachado ao meio: a âncora, do jeito que ficou, foi ela, depois de Nosso Senhor, que me salvou. No fim de seis dias, quando lá fazia bom tempo, voltei para a minha rota. Assim, já tendo perdido por completo os aparelhos e com os navios mais esburacados por vermes do que uma colmeia e a tripulação tão atemorizada e perdida, passei um pouco adiante do lugar onde tinha chegado anteriormente. Parei na mesma ilha em porto mais seguro. No fim de oito dias retomei a rota e cheguei à Jamaica em fins de junho. Quem acreditaria no que descrevo aqui? De cem partes acontecidas, afirmo que não contei sequer metade. Os que acompanharam o Almirante são testemunhas.

Quando descobri as Índias, disse que era o maior repositório de riquezas do mundo. Falei de ouro, pérolas, pedras preciosas, especiarias, com os comércios e as feiras, e, como tudo não apareceu com a rapidez esperada, fui alvo de insultos. Essa lição me ensinou agora a falar só no que ouço dos nativos da terra. Mas uma coisa ouso afirmar, porque há muitos testemunhos, e é que vi nesta terra de Verágua maiores indícios de ouro nos dois primeiros dias do que na Espanhola em quatro anos, e que as terras da região não podem ser mais bonitas nem mais bem lavradas, nem a população mais respeitosa, com bom porto, rio lindo e protegido do mundo. Tudo isso é garantido dos cristãos e certeza de domínio, com grande esperança da honra e engrandecimento da nossa religião. Tão soberanos são Vossas Majestades disso como de Jerez ou Toledo: os navios que forem até lá vão à sua própria casa. Dali extrairão ouro; em outras regiões, para extrair o que há nelas, é melhor levar junto, senão voltarão vazios; e na terra é necessário que confiem sua pessoa a um selvagem. Genoveses, venezianos e toda gente que tenha pérolas, pedras preciosas e outras coisas de valor levam tudo até o fim do mundo para trocá-las, converter em ouro: o ouro é excelso; do ouro se faz tesouro, e com ele, quem o tem, faz tudo o que quer neste mundo, a ponto de levar as almas ao Paraíso. Os caciques daquelas terras da região de Verágua, quando morrem, são enterrados junto com o ouro que têm; pelo menos é o que dizem. Para Salomão, levaram de uma só vez seiscentos e sessenta e seis quintais de ouro, além do que lhe deram os mercadores marinheiros e do que se lhe pagou na Arábia. Desse ouro fez duzentas lanças, trezentos escudos e o tablado onde ficariam guardados, enfeitado ainda com pedras preciosas, várias outras coisas de ouro e uma profusão de vasos, muito grandes e ricos de pedras preciosas. Josefo, em sua crônica das *Antiguidades Judaicas*, descreve tudo isso. No *Paralipomênon* e no *Livro dos Reis* há também referências. Josefo pretende que esse ouro tenha sido extraído na Áurea. Sendo assim, digo que as minas da Áurea são as mesmas e coincidem com estas de Verágua. Salomão teve que comprar tudo aquilo: ouro, pedras e prata; ali, em compensação, se quiserem, podem mandar extrair à vontade. Davi deixou três mil quintais de ouro das Índias de herança para Salomão ajudar a construir o templo e, segundo Josefo, provinham dessas mesmas terras. Jerusalém e o Monte Sion hão de ser reconstruídos por mãos cristãs. Quem há de ser, é Deus, pela boca do profeta no décimo quarto salmo, quem diz. O abade Joaquim achou que teria que sair da Espanha. São Jerônimo ensinou o caminho à santa mulher. O imperador de Catai há tempos pediu aos sábios que lhe ensinem a fé de Cristo. Quem se prontificará a fazer isso? Se Nosso Senhor me reconduzir à Espanha, eu me comprometo a levá-lo, com o nome de Deus sempre em segurança.

Essa gente que veio comigo enfrentou incríveis perigos e trabalhos. E, como são pobres, suplico que Vossas Majestades lhes mandem pagar logo, concedendo mercês a cada um segundo a qualidade da pessoa, pois lhes garanto que, a meu ver, são porta-vozes das melhores notícias que jamais chegaram à Espanha.

Tenho em maior conta essa negociação e essas minas, nesta proporção e domínio, do que tudo o mais que foi feito nas Índias. Não há motivo para que quem se mostrou tão contrário a esta negociação tire dela proveito; muito menos seus filhos. Os que se foram das Índias, fugindo aos trabalhos e falando mal delas e de mim, voltaram com cargos; assim se determinava agora em Verágua: um mau exemplo e sem nenhum proveito para o negócio e a justiça do mundo. Esse temor, junto com muitos outros casos que via com clareza, me fez suplicar a Vossas Majestades, antes que viesse a descobrir estas ilhas e terra firme, que me deixassem governá-las em seu nome real. Peço-lhes: foi por privilégio e capacidade, e com sinete e juramento, que me deram o título de Vice-Rei, Almirante e Governador Geral de tudo, e indicaram o termo a cem léguas das ilhas dos Açores, e aquelas de Cabo Verde pela linha que passa de polo a polo; e sobre isso, e tudo o mais que se descobrisse, me deram amplos poderes. A escritura o confirma com maiores pormenores.

O outro assunto, já célebre, está clamando de braços abertos: fui estrangeiro até hoje. Sete anos estive em sua Corte Real, e a quantos se mencionou esse empreendimento todos foram unânimes em dizer que era embuste. Hoje, até os alfaiates imploram para descobrir. Bom é dar a Deus o que é seu e aceitar o que nos pertence. As terras que aqui obedecem a Vossas Majestades são mais ricas e maiores que todos os outros domínios cristãos. Depois que eu, por vontade divina, as coloquei sob o seu real e augusto poder e em condições de fornecer imensa renda, de repente, enquanto aguardava navios para ir receber sua excelsa aprovação pela vitória e grandes notícias do ouro, muito seguro e contente, me vi preso e lançado, com dois irmãos, ao porão de uma nau, a ferros, com o corpo nu, recebendo maus-tratos, sem o menor julgamento ou sentença de tribunal de justiça. Quem acreditará que um pobre estrangeiro haveria de se sublevar em semelhante lugar contra Vossas Majestades, sem motivo algum nem apoio de outro monarca, encontrando-se só, no meio de vassalos e nativos, e tendo todos os meus filhos em sua Corte Real? Comecei a servir com vinte e oito anos e hoje não existe em mim cabelo que não esteja grisalho; sinto o corpo doente, nada me resta do que ganhei, eu e meus irmãos nos vimos privados de tudo o que possuíamos, até do próprio saio, sem que ninguém quisesse escutar ou ver, com grande desonra para mim. Não é possível acreditar que isso tenha sido feito por ordens reais. A restituição de minha honra e prejuízos e o castigo dos responsáveis haverá de propalar a nobreza da coroa real; e o mesmo acontecerá a quem me roubou as pérolas e causou dano a este Almirantado. As virtudes serão imensas e a fama servirá de exemplo, se tal fizerem; e da Espanha ficará uma lembrança gloriosa, com a de Vossas Majestades, de agradecidos e justos monarcas. A intenção tão honesta que sempre tive ao serviço de Vossas Majestades e a afronta tão desproporcional não permitem que a alma se cale, por mais que eu quisesse. Suplico a Vossas Majestades que me perdoem.

Estou tão perdido quanto disse. Até agora chorei na frente dos outros: que o céu seja misericordioso e chore por mim a terra. No plano secular, não disponho sequer de uma branca[8] para oferecer; no espiritual, fiquei reduzido aqui nas Índias ao estado que expliquei. Isolado nesta provação, doente, esperando a morte dia a dia, rodeado por um bando de inimigos selvagens e cheios de crueldade, e tão afastado dos Santos Sacramentos da Santa Igreja que esta alma será esquecida se aqui se separar do corpo. Que chore por mim quem ama a caridade, a verdade e a justiça. Não fiz esta viagem para obter honrarias e riquezas porque a minha esperança já estava completamente morta. Dirijo-me a Vossas Majestades com a

---

8. Branca, moeda da época, equivalente à quarta parte de um maravedi. (N.E.)

melhor das intenções e desvelos. Suplico-vos humildemente que, se a Deus aprouver tirar-me daqui, que haja por bem abençoar a minha ida a Roma e a outras romarias. Cuja vida e augusto estado guarde e engrandeça a Santíssima Trindade. Escrito nas Índias, na ilha de Jamaica, a 7 de julho de 1503.

O Testamento

Em nome da Santíssima Trindade, que guardei na lembrança e depois me deu a certeza absoluta de que poderia navegar a partir da Espanha até chegar às Índias, atravessando o mar Oceano em sentido ao Poente, como notifiquei ao Rei Dom Fernando e à Rainha Dona Isabel, Nossos Soberanos, e lhes aprouve conceder-me os meios e recursos de tripulação e navios, e nomear-me seu Almirante no referido Oceano, para além de uma linha imaginária que mandaram traçar sobre as ilhas de Cabo Verde e o arquipélago dos Açores, cem léguas que vão de polo a polo; e que dali em diante, no sentido do Poente, fosse seu Almirante e que na terra firme e nas ilhas que a partir de lá achasse e descobrisse, dessas terras fosse eu Vice-Rei e Governador e que meu filho mais velho me sucedesse nesses cargos, e assim por diante, de grau em grau, para todo o sempre, e que recebesse o dízimo de tudo o que no referido Almirantado se achasse, colhesse e arrendasse, e da mesma maneira a oitava parte das terras e de todas as outras coisas, além do salário correspondente aos ofícios de Almirante, Vice-Rei e Governador, e com todos os demais direitos pertinentes a tais ofícios, bem como tudo o que mais amplamente se contém neste meu privilégio e pacto firmado com Suas Majestades.

E quis Nosso Senhor Todo-Poderoso que no ano de noventa e dois descobrisse a terra firme das Índias e muitas ilhas, entre as quais a Espanhola, que os índios chamam de Ayte (Haiti) e os parvos de Cipango. Depois regressei a Castela, perante Suas Majestades, que voltaram a apoiar o empreendimento, para povoar e descobrir mais, e assim me deu Nosso Senhor vitória, com que conquistei e submeti a tributos a população da Espanhola, e descobri várias ilhas com canibais e setecentas ao Poente da Espanhola, entre as quais a de Jamaica, que chamamos de Santiago, a trezentas e trinta e três léguas da terra firme do lado do Austro ao Poente, além de cento e sete ao lado do Setentrião, que tinha descoberto na primeira viagem com muitas ilhas, como mais minuciosamente se verá pelos meus relatos, memoriais e cartas de navegação.

Em primeiro lugar, que a mim há de suceder Dom Diego, meu filho, e se dele dispuser Nosso Senhor antes que tenha filhos, que então suceda Dom Fernando, também meu filho; e se dele dispuser Nosso Senhor antes que tenha filhos, ou que eu tenha outro filho, que suceda Dom Bartolomeu, meu irmão, ou então seu filho mais velho; e se dele dispuser Nosso Senhor sem que deixe herdeiro, que suceda Dom Diego, meu irmao, sendo casado ou para poder casar, e que a ele suceda seu filho mais velho; e assim de grau em grau, perpetuamente, para todo o sempre, começando por Dom Diego, meu filho, e sucedendo seus filhos, de um para outro, perpetuamente, ou falecendo-lhe o filho, suceda Dom Fernando, meu filho, como ficou estabelecido, e assim seu filho e, prosseguindo, de filho em filho, para sempre ele e os supracitados Dom Bartolomeu, se a ele chegar, e a Dom Diego, meus irmãos. E assim queira Nosso Senhor que, depois de haver passado algum tempo este morgado nas mãos dos referidos sucessores, viesse a prescrever herdeiros legítimos, haja o dito morgado e lhe suceda e herde o parente mais próximo da pessoa que o tenha herdado, em cujo poder prescreveu, sendo legítimo e que se chame e sempre se tenha chamado de seu pai, e antecessores, Colombo. E que de modo algum esse morgado seja herdado por mulher, a menos que aqui ou em qualquer outra parte do mundo não se encontre homem de minha linhagem verdadeira que se tivesse chamado, a ele e a seus antecessores, de Colombo. E que se isso acontecesse (e queira Deus que não), em tal hipótese o faça a mulher mais chegada em parentesco e em sangue legítimo à pessoa que assim tenha obtido o referido morgado; e suplico ao Santo Padre, ao atual e ao que a ele suceda na Santa Igreja, agora ou quando acontecer que este meu compromisso e testamento tenha necessidade para se cumprir de sua santa ordem e mandamentos, que em virtude de obediência e sob pena de excomunhão papal o ordene, e que de nenhum modo jamais se deturpe; e da mesma forma imploro ao Rei e à Rainha, Nossos Soberanos, e ao príncipe Dom João, seu primogênito, Nosso Soberano, e aos que lhes sucederem, pelos serviços que lhes prestei; que, sendo eu nascido em Gênova, lhes vim a servir aqui em Castela e lhes descobri ao Poente de terra firme as Índias e as referidas ilhas supracitadas.

Em primeiro lugar, trará Dom Diego, meu filho, e todos os que a mim sucederem e descenderem, bem como meus irmãos Dom Bartolomeu e Dom Diego, as minhas armas, que deixarei depois de meus dias, sem misturar outra coisa além delas, e selará com sua chancela. Dom Diego, meu filho, ou qualquer outro que vier a herdar este morgado, depois de haver herdado e entrado na posse dele, assine com a minha assinatura, tal como hoje faço, que consiste num X com um S em cima e num M com um A romano com um S em cima, como agora assino, e se parecerá com as minhas assinaturas, e em cima delas um S e depois um Y se encontrarão muitas e com esta se parecerá.

E não se intitulará mais que "Almirante", embora o Rei lhe dê ou ganhe outros títulos; isso, bem entendido, na assinatura e não em seu ditado, onde poderá incluir todos os títulos que lhe agradar. Somente na assinatura escreverá "o Almirante".

O referido Dom Diego, ou qualquer outro que herdar este morgado, terá o meu cargo de Almirante do mar Oceano, que consiste numa linha imaginária que Sua Majestade mandou traçar, do lado do Poente, a cem léguas das ilhas dos Açores e outro tanto das de Cabo Verde, que se estende de polo a polo, a partir da qual ordenaram e me fizeram seu Almirante no mar, com todos os privilégios que tem o Almirante Dom Henrique no Almirantado de Castela, e me nomearam seu Vice-Rei e Governador perpétuo, para sempre, e em todas as ilhas e terra firme, descobertas ou por descobrir, para mim e para os meus herdeiros, como mais minuciosamente se observa por meus privilégios, os quais tenho, e por meus pactos, como acima referi.

Outrossim: Que o mencionado Dom Diego ou qualquer outro que venha a herdar o referido morgado dividirá a renda, que a Nosso Senhor lhe aprouver dar, da seguinte maneira, sob a referida pena.

Em primeiro lugar, dará de tudo o que esse morgado render, agora e sempre, e dele e por ele se colher e arrecadar, a quarta parte, cada ano, a Dom Bartolomeu Colombo, Adiantado das Índias, meu irmão; e isso até que receba, como renda, um conto de maravedis para a sua manutenção, e pelo trabalho que teve e tem em servir nesse morgado; e o referido conto receberá, como já foi dito, cada ano, se a dita quarta parte a tanto montar, se ele não tiver outra coisa; mas, tendo algo ou tudo de renda, que daí em diante não receba o referido conto nem parte dele, a menos que desde já receba, na referida quarta parte, até a mencionada quantia de um conto, se ali chegar; e tanto que tenha de renda, fora dessa quarta parte, qualquer soma de maravedis de renda conhecida de bens que possa arrendar, ou cargos perpétuos, se lhe descontará a referida quantidade que assim receber de renda ou poderia receber dos referidos bens e cargos perpétuos; e do referido conto será reservado qualquer dote ou casamento que com a mulher com quem casar tiver; de modo que tudo o que receber com a referida esposa não se entenderá, por isso, que se lhe há de descontar nada do referido conto, a não ser do que ganhar ou receber além do dito casamento de sua esposa, e depois que queira Deus que ele ou seus herdeiros ou quem dele descender receba um conto de renda de bens e cargos, se os quiser arrendar, como já foi dito, não receberá ele nem seus herdeiros mais nada da quarta parte do referido morgado, passando a receber o mencionado Dom Diego ou quem venha a herdar.

Outrossim: Dom Fernando, meu filho, receberá da referida renda do referido morgado, ou de outra quarta parte dela, um conto por ano, se a referida quarta parte montar a tanto, até que tenha dois contos de renda pela mesma forma e maneira que já foi dito de Dom Bartolomeu, meu irmão, ele e seus herdeiros, assim como Dom Bartolomeu, meu irmão, e os herdeiros do qual assim terão o referido conto ou a parte que faltar para isso.

Outrossim: O referido Dom Diego e Dom Bartolomeu ordenarão que Dom Diego, meu irmão, tenha da renda do referido morgado o suficiente para que se possa manter honestamente, como meu irmão que é, ao qual não deixo nada determinado porque ele quer entrar para a Igreja, e lhe darão o que for razoável, e que isso seja de maior acervo, antes que se dê alguma coisa a Dom Fernando, meu filho, ou a Dom Bartolomeu, meu irmão, ou a seus herdeiros, e também de acordo com a quantidade que render o referido morgado; e se nisso houver discórdia, que em tal caso se confie a decisão a dois parentes nossos ou a outras pessoas de bem, para que examinem ambos os lados da questão; e, se não puderem conciliar os interesses, que os referidos dois compromissos escolham outra pessoa de bem que não seja suspeita a nenhuma das partes.

Outrossim: Que essa renda que mando dar a Dom Bartolomeu e a Dom Fernando e a Dom Diego, meu irmão, eles a recebam e lhes seja dada, como disse acima, contanto que se mantenham leais e fiéis a Dom Diego, meu filho, ou a quem herdar, eles e seus herdeiros; e, se se achar que fossem contra ele em coisa que toque ou atente contra sua honra e engrandecimento de minha linhagem ou do referido morgado, por palavras ou ações, pelo qual aparecesse e houvesse escândalo e consternação para a minha linhagem e menoscabo do referido morgado ou qualquer um deles, que essa pessoa não receba daí por diante coisa alguma; de modo que se conservem sempre fiéis e leais a Dom Diego ou a quem herdar.

Outrossim: Porque pelo princípio com que ordenei esse morgado tinha pensado em distribuir, e que Dom Diego, meu filho, ou qualquer outra pessoa que o herdasse, distribuam dele a décima parte da renda em dízimo e comemoração do Eterno Deus Todo-Poderoso para pessoas necessitadas; para isso agora digo que por ir e que vá adiante minha intenção e para que Sua Augusta Majestade ajude a mim e aos que isso herdarem, aqui ou no outro mundo, que todavia se haja de pagar o referido dízimo da seguinte maneira:

Em primeiro lugar, da quarta parte da renda desse morgado, da qual determino e mando que se dê a Dom Bartolomeu até completar um conto de renda, que se entenda que nesse conto está incluído o referido dízimo de toda a renda do referido morgado; e que, assim que aumentar a renda do mencionado Bartolomeu, meu irmão, para que se tenha que descontar da renda da quarta parte do morgado alguma coisa ou tudo, que se veja e conte toda a renda supracitada para saber a quanto monta o respectivo dízimo, e a parte que não couber ou sobrar ao que tiver de receber o referido Dom Bartolomeu para completar o conto, que essa parte seja dada a pessoas de minha linhagem como desconto do referido dízimo, as que mais necessitadas forem e mais carência tiverem, cuidando de dá-la à pessoa que não tiver cinquenta mil maravedis de renda; e se, a que menos tiver, chegar até à quantia de cinquenta mil maravedis, receba a parte a que parecer às duas pessoas que sobre isso aqui escolherem com Dom Diego ou quem herdar: de modo que se entenda que o conto que mando dar a Dom Bartolomeu contém a parte supracitada do dízimo do referido morgado, e que toda a renda do morgado quero ou determino que se distribua entre os meus parentes mais próximos ao dito morgado e que mais necessitados forem; e depois que o referido Dom Bartolomeu tiver seu conto de renda e que não se lhe deva nada da referida quarta parte, então e antes se verá e veja o referido Dom Diego, meu filho, ou a pessoa que tiver o referido morgado com as outras duas pessoas que aqui indicarei, de tal maneira que o dízimo de toda essa renda ainda se dê a pessoas de minha linhagem que estiverem aqui ou em qualquer outra parte do mundo, aonde as mandem buscar com empenho; e seja da referida quarta parte da qual o referido Dom Bartolomeu há de receber o conto: os quais eu conto e dou com desconto do referido dízimo, com razão de conta, que se o dízimo supracitado for maior, que esse excesso também saia da quarta parte e a recebam os mais necessitados, como já disse; e, se não bastar, que Dom Bartolomeu o receba até que vá saindo do seu, e dessa maneira deixando em parte ou por completo o referido conto.

Outrossim: Que o referido Dom Diego, meu filho, ou a pessoa que herdar, escolham duas pessoas de minha linhagem, as mais próximas e que tenham ânimo e autoridade, para examinar e dar conta da referida renda, tudo com empenho, e a efetuar o pagamento do referido dízimo da referida quarta parte de que se dá o referido conto a Dom Bartolomeu, aos mais necessitados de minha linhagem que estiverem aqui ou em qualquer outro lugar; e pesquisarão nesse sentido com muito empenho e grande disposição de ânimo. E porque poderia suceder que o referido Dom Diego ou a pessoa que herdar não queiram, por algum motivo, revelar o total de seus bens e a honra e manutenção do referido morgado, determino que mesmo assim se lhe dê a referida renda por encargo de sua alma, e a eles ordeno, por encargo de suas consciências e de suas almas, que não o denunciem nem divulguem, a não ser quando for por vontade do referido Dom Diego ou da pessoa que herdar; somente procure que o referido dízimo seja pago da mesma forma acima indicada.

Outrossim: Para que não ocorram divergências na escolha desses dois parentes mais próximos que hão de entrar com Dom Diego ou com a pessoa que herdar, prefiro desde já designar Dom Bartolomeu, meu irmão, como uma, e Dom Fernando, meu filho, como outra; e eles, logo que começarem a tratar disso, fiquem obrigados a indicar outras duas pessoas que sejam das mais próximas à minha linhagem e de maior confiança, e a escolher outras duas na época em que tiverem que começar a tratar dessa questão. E assim irá passando de uns para outros com muito empenho, tanto nesse sentido como em qualquer outro que se relacione com o governo, o bem, a honra e serviço de Deus e do referido morgado, para todo o sempre.

Outrossim: Determino ao referido Dom Diego, meu filho, ou à pessoa que herdar o referido morgado, que mantenha e sustente sempre na cidade de Gênova uma pessoa de nossa linhagem que tenha ali casa e esposa, e lhe proporcione renda que lhe permita viver honestamente como pessoa tão próxima de nossa linhagem e que esteja radicada na referida cidade como natural dela, pois poderá receber da referida cidade auxílio e favor nas coisas de que precisa, pois dela saí e nela nasci.

Outrossim: Que o referido Dom Diego, ou quem herdar o morgado, envie, por meio de câmbios ou qualquer outra maneira que puder, todo o dinheiro da renda que arrecadar do referido morgado e mande comprar em seu nome e de seu herdeiro umas ações chamadas "logos", que existe no ofício de São Jorge, que atualmente rendem seis por cento, e são aplicações muito seguras, e que isso seja pelo que explicarei aqui.

Outrossim: Porque a pessoa de posição e de renda convém, para servir a Deus e para o bem de sua honra, que se previna de fazer por si e de se poder valer com suas propriedades, ali em São Jorge qualquer dinheiro está muito seguro, e Gênova é cidade nobre e não poderosa só por causa do mar; e porque na época em que me dispus a ir descobrir as Índias foi com a intenção de suplicar ao Rei e à Rainha, Nossos Soberanos, que da renda que Suas Majestades obtivessem das Índias, se determinasse empregá-la na conquista de Jerusalém, e assim procedi. E se fizerem isso, seja em boa ocasião, caso contrário, que mesmo assim mostre-se o referido Dom Diego, ou a pessoa que herdar, com o propósito de juntar a maior quantidade de dinheiro possível para acompanhar El-Rei, Nosso Soberano, se for a Jerusalém para conquistá-la, ou a ir sozinho com o máximo de poder que tiver; que agradará a Nosso Soberano que, se tal intenção tem ou tiver, lhe concederá tais recursos, que poderá empreender a conquista, e que a empreenda; e, se não tiver para conquistar tudo, dar-lhe-ão ao menos para uma parte dela. E assim que junte e faça caudal de seu tesouro nos lugares de São Jorge de Gênova, e ali o multiplique até obter tal quantidade que lhe pareça suficiente e saiba que poderá praticar uma boa obra em relação a Jerusalém, pois creio que depois que El-Rei e a Rainha, Nossos Soberanos, e seus sucessores virem que a isso se determinam, Suas Majestades serão movidas a fazê-lo ou lhe fornecerão ajuda e recursos como a súdito e vassalo que o fará em seus nomes.

Outrossim: Determino a Dom Diego, meu filho, e a todos os que de mim descenderem, sobretudo à pessoa que herdar esse morgado – que é, como disse, o dízimo de tudo o que se achar e extrair nas Índias e a oitava parte da renda de outra extremidade das terras, equivalente, com os meus direitos dos cargos de Almirante, Vice-Rei e Governador, a vinte e cinco por cento – , digo: que toda a renda disso e as pessoas e quanto poder tiverem, se obriguem e se disponham a bem e fielmente sustentar e servir Suas Majestades ou seus herdeiros, mesmo ao preço da perda e sacrifício de suas vidas e propriedades, porque Suas Majestades me propiciaram o início dos recursos para poder conquistar e dominar, depois de Deus Nosso Senhor, esse morgado; se bem que vim a seus reinos para convidá-los a esse empreendimento e passaram muito tempo sem me dar os recursos para pô-lo em prática; se bem que não há por que se admirar, pois todo mundo ignorava tal empreendimento e não havia quem acreditasse em seu êxito, motivo pelo qual lhes sou ainda mais grato e porque depois sempre me engrandeceram e concederam muitas mercês.

Outrossim: Determino ao referido Dom Diego, ou a quem possuir o referido morgado, que, se na Igreja de Deus, pelos nossos pecados, surgir alguma dissidência ou que, por tirania, alguma pessoa, de qualquer grau ou posição que tenha ou ocupe, quiser despojá-lo de sua honra ou bens, que, sob a pena supracitada, se ponha aos pés do Santo Padre, a menos que seja herético (queira Deus que não), a pessoa ou pessoas se ponham ou determinem por obra de servir com toda a sua força, renda e propriedades e em querer terminar com a referida dissidência e defender para que não se veja a Igreja despojada de sua honra e bens.

Outrossim: Determino ao referido Dom Diego, ou a quem possuir o referido morgado, que procure preservar e trabalhar sempre pela honra, pelo bem e pelo engrandecimento da cidade de Gênova, empregando todas as suas forças e recursos na defesa e ampliação do bem e honra de sua república, não se insurgindo contra o serviço da Igreja de Deus e augusta posição do Rei ou da Rainha, Nossos Soberanos, e todos os seus sucessores.

Outrossim: Que o referido Dom Diego, ou a pessoa que herdar ou estiver na posse do referido morgado, que da quarta parte mencionada acima que se há de distribuir o dízimo de toda a renda, que na época em que Dom Bartolomeu e seus herdeiros tiverem arrecadado os dois contos ou parte deles e que se tiver que distribuir um pouco do dízimo entre nossos parentes, que ele e as duas pessoas que com ele forem nossas parentes, devem distribuir e gastar esse dízimo para casar moças de nossa linhagem que dele necessitarem, e fazer o maior número de favores possível.

Outrossim: Que na época em que encontrar disposição, mande construir uma igreja a que dê o nome de Santa Maria da Conceição, na ilha Espanhola, em lugar conveniente, e tenha o hospital mais bem organizado que seja possível, assim como outros em Castela e na Itália, e se levante uma capela em que, com muita devoção, rezem missas pela minha alma e a de nossos antecessores e descendentes: que agradará a Nosso Senhor de nos dar tanta gente que tudo poderá se cumprir de acordo com o que declarei acima.

Outrossim: Determino que o referido Dom Diego, meu filho, ou a quem herdar o referido morgado, trabalhe para manter na ilha Espanhola quatro mestres versados na Santa Teologia, com a intenção de trabalhar e se empenhar pela conversão à nossa santa fé de todos os povos das Índias, e quando quiser Nosso Senhor que a renda do referido morgado aumente, que do mesmo modo aumente o número de mestres e pessoas devotas para tornar cristãs essas gentes e que para isso não tenham medo de gastar o que for preciso; e para comemorar o que digo e escrevo colocará um busto de mármore na referida igreja da Conceição para que se lembre disso que digo o referido Dom Diego e as outras pessoas que o virem, colocando-se também dizeres alusivos.

Outrossim: Determino a Dom Diego, meu filho, ou a quem herdar o referido morgado, que cada vez que tiver que se confessar, que primeiro mostre este compromisso ou o respectivo traslado a seu confessor, e lhe peço que o leia integralmente, porque tenho razão para examiná-lo sobre o cumprimento dele, e seja causa de bem e descanso de sua alma. – Quinta-feira, 22 de fevereiro de 1498. – *O Almirante.*

Na nobre cidade de Valladolid, aos 19 dias do mês de maio, no ano do Nascimento de Nosso Senhor Jesus Cristo de 1506, perante mim, Pedro de Hinojedo, escrivão da câmara real e de província da Corte e Chancelaria de Suas Majestades, e escrivão e notário público em todos os seus reinos e domínios, e das testemunhas de seu relato, o Sr. Dom Cristóvão Colombo, Almirante, Vice-Rei e Governador Geral das ilhas e terra firme das Índias descobertas e por descobrir, que disse que era; estando fisicamente enfermo, declarou que, porquanto tivesse feito seu testamento perante escrivão público, que agora retificava e retifica o referido testamento, e o aprovava e o aprovou por estar correto, e se necessário, o outorgava e outorgou novamente. E agora, aduzindo ao referido testamento, tinha escrito do próprio punho e letra um documento que perante mim, escrivão, mostrou e apresentou, que declarou que estava escrito de seu próprio punho e letra e assinado com o seu nome, que outorgava e outorgou tudo o estava contido no referido documento, perante mim, escrivão, em conformidade e pelo meio e forma que no referido documento se continha, e todas as determinações nele expressas, para que se cumpram e valham como sua última e derradeira vontade. E, para a execução do referido testamento, que tinha e tem feito e outorgado, e tudo o que está nele contido, cada coisa e parte dele, nomeava e nomeou como inventariantes e executores da sua vontade o Sr. Dom Diego Colombo, seu filho, e Dom Bartolomeu Colombo, seu irmão, e Juan de Porras, tesoureiro de Biscaia, para que os três cumpram sua vontade e tudo o que se contém no referido documento, bem como todas as determinações, legados e doações nele contidos. Para o qual declarou que dava, e deu, toda a sua autorização e outorgava, como outorgou, perante a mim, escrivão, tudo o que está contido no referido documento, e aos presentes disse que solicitava e solicitou que prestassem testemunho. Testemunhas que estiveram presentes, convocados e solicitados para tudo o que foi declarado acima, o bacharel Andrés Mirueña e Gaspar de la Misericordia, vizinhos desta vila de Valladolid, e Bartolomeu de Fresco, Álvaro Pérez, Juan Despinosa, Andrea e Hernando de Vargas, Francisco Manuel e Fernán Martínez, criados do referido senhor Almirante. O teor da referida escritura, que estava redigida com letra de próprio punho do referido Almirante e assinada com o seu nome, *de verbo ad verbum,* é o seguinte:

Quando parti da Espanha no ano de mil e quinhentos e dois, fiz uma disposição e morgado de meus bens e do que então me pareceu que cumpria à minha alma e ao serviço de Deus Eterno, e minha reputação e de meus sucessores: deixei documento esse no Mosteiro de Las Cuevas em Sevilha, em mãos de frei Dom Gaspar, junto com outros documentos e meus privilégios e cartas recebidas do Rei e da Rainha, Nossos Soberanos. Aprovo e confirmo, por meio do presente instrumento, tais disposições, que reitero para o mais perfeito cumprimento e declaração de minhas intenções. Que determino que se cumpra assim como fica expresso aqui em todo o seu teor, e do que por este se cumprir, nada se faça pelo outro, para que não haja repetição.

Constituí meu querido filho Dom Diego herdeiro universal de todos os bens e cargos que tenho de juro e herdade[1], de que deixei morgado, e não tendo ele filho herdeiro varão,

---

1. *De juro e herdade* por direito de herança, perpetuamente, para que passe de pais a filhos. *In perpetuum.* (N.T.)

que herde meu filho Dom Fernando da mesma maneira, e não tendo ele, por sua vez, filho varão herdeiro, que herde Dom Bartolomeu, meu irmão, da mesma maneira, e de igual modo, se não tiver filho herdeiro varão, que herde outro irmão meu; que assim se entenda, de um a outro parente mais próximo à minha estirpe, e que isso seja para todo o sempre. E nunca herde mulher, a menos que faltem homens; e, se tal acontecer, que seja a mais próxima à minha estirpe. Afirmo que é minha vontade que o referido Dom Diego, meu filho, receba o referido morgado com todos os bens e cargos, do modo e maneira como foi declarado e que os tenho. E declaro que a renda integral que arrecadar em virtude da referida herança, que proceda anualmente sua divisão em dez partes iguais, sendo que uma deve ser dividida entre os nossos parentes que parecerem mais necessitados, outras pessoas carentes e demais obras de caridade. E depois, das nove partes restantes, tome duas e as reparta em trinta e cinco, e que delas recebam Dom Fernando, meu filho, vinte e sete, Dom Bartolomeu, cinco, e Dom Diego, meu irmão, três. E porque, como acima disse, o meu desejo seria que Dom Fernando, meu filho, recebesse um conto e meio, Dom Bartolomeu cento e cinquenta mil maravedis e Dom Diego cem, e não sei como isso se há de fazer, pois até agora a renda do referido morgado, além de desconhecida, não foi numericamente determinada, peço que se siga essa ordem que acima declarei até que aprouver a Nosso Senhor que as duas partes das referidas nove sejam suficientes e aumentem de tal forma que contenham o referido conto e meio para Dom Fernando, cento e cinquenta mil maravedis para Dom Bartolomeu e cem mil para Dom Diego. E quando Deus quiser que assim seja ou que, se as referidas duas partes, das nove mencionadas acima, bem entendido, chegarem à quantia de um conto e setecentos e cinquenta mil maravedis, que todo o excesso seja entregue a Dom Diego, meu filho, ou a quem herdar; e declaro e rogo ao referido Dom Diego, meu filho, ou a quem herdar, que, se a renda desse morgado aumentar muito, terei prazer em acrescentar a Dom Fernando e a meus irmãos a parte que aqui fica especificada.

Digo que essa parte que mando dar a Dom Fernando, meu filho, que dela lhe faço morgado, e que lhe suceda seu filho mais velho, e assim, de um para outro perpetuamente, sem que a possa vender nem trocar nem dar nem alienar de forma alguma, e seja pelo modo e maneira que está declarado no outro morgado que fiz para Dom Diego, meu filho.

Digo a Dom Diego, meu filho, e ordeno que, enquanto tiver renda do referido morgado e herança, que possa manter em uma capela, que mandará construir, três capelães que rezem três missas por dia, uma em louvor da Santíssima Trindade, outra da Conceição de Nossa Senhora e a terceira pela alma de todos os fiéis defuntos, e pela minha, de meu pai, de minha mãe e de minha mulher. E que, se os recursos forem suficientes, faça a referida capela decorosa e acrescente as orações e preces em louvor da Santíssima Trindade, e se isso puder ser na ilha Espanhola, que Deus milagrosamente me deu, gostaria que fosse ali onde a invoquei, que é na várzea denominada Conceição.

Declaro e determino a Dom Diego, meu filho, ou a quem herdar, que pague todas as dívidas de que deixo aqui relação, da maneira ali especificada, além de outras cuja liquidação pareça justa. E lhe determino também que tome as providências cabíveis para que Beatriz Enríquez, mãe de Dom Fernando, meu filho, possa viver decentemente, como pessoa a quem tanto devo. E que isso se faça para descargo de minha consciência, porque muito pesa em minha alma, por motivos que não seria lícito explicar aqui. Redigida a 25 de agosto de 1505. Segue-se: *Christo ferens.*

Testemunhas que estiveram presentes e assistiram à redação e outorga de tudo o que acima foi dito pelo referido Sr. Almirante, segundo as declarações precedentes: os referidos bacharéis Mirueña e Gaspar de la Misericordia, vizinhos na vila de Valladolid, e Bartolomeu de Fresco, Alvar Pérez, Juan Despinosa, Andrea e Fernando de Vargas, Francisco Manuel e Fernán Martínez, servos do referido Sr. Almirante. E eu, o referido Pedro de Hinojedo, escrivão e notário público supracitado, em conformidade com as referidas testemunhas, estive presente a tudo que foi mencionado. E, por conseguinte, aponho aqui a minha assinatura. Em testemunho da verdade, *Pedro de Hinojedo,* escrivão.

Relação de determinadas pessoas a quem quero que seja dada uma parte relativa aos bens que constituem o objeto desta relação, rigorosamente como fica aqui expresso. E que seja procedida de tal forma que não se saiba quem foi o doador.

Em primeiro lugar, aos herdeiros de Jerônimo del Puerto, pai de Benito del Puerto, chanceler de Gênova, vinte ducados ou soma equivalente.

A Antônio Vazo, mercador genovês, que costumava morar em Lisboa, dois mil e quinhentos réis portugueses, o que equivale a pouco mais de sete ducados, à razão de trezentos e sessenta e cinco réis o ducado.

A um judeu que morava às portas do gueto de Lisboa, o valor de meio marco de prata.

Aos herdeiros de Luis Centurión Escoto, mercador genovês, trinta mil réis portugueses.

A esses mesmos herdeiros e aos herdeiros de Paolo de Negro, genovês, cem ducados ou soma equivalente.

A Baptista Espíndola ou a seus herdeiros, se estiver morto, vinte ducados. Esse Baptista Espíndola é genro do supracitado Luis Centurión e filho de Micér[2] Nicolau Espíndola de Locoli de Ronca, e, segundo tudo indica, foi estante[3] em Lisboa no ano de 1482.

E da referida memória e descargo supracitado, eu, escrivão, dou fé de que estava escrita com a mesma letra do referido testamento do referido Dom Cristóvão, de cujo testemunho assino o meu nome. – *Pedro de Azcoyitia.*

---

2. Micér, título honorífico da coroa de Aragão. (N.T.)

3. Estante, o que levava os martírios ou instrumentos da Paixão nas procissões da Semana Santa. (N.T.)

Cronologia da Vida e da Época de Cristóvão Colombo

1333 Des Dieppois descobre as Canárias.
1419 Descoberta da ilha da Madeira.
1439 Descoberta dos Açores.
1446 Descoberta do Cabo Verde, marcando os primeiros avanços dos portugueses ao longo da costa africana.
1451 (entre agosto e outubro) – Nascimento de Cristóvão Colombo, em Gênova. Essa data foi estabelecida a partir de um documento genovês de outubro de 1470 que lhe dá uma idade de mais de 19 anos e outro, de agosto de 1479, que assegura que Colombo ainda não atingiu os 28 anos.
1473 Colombo comanda um navio a serviço de Renato de Anjos, nobre francês que disputava com a dinastia espanhola de Aragão a posse do reino de Nápoles.
1474 Colombo começa a ler autores antigos, como Ptolomeu, Aristóteles e Estrabão, em cujas obras, geografia, cosmografia e fábulas se misturam.
1477 (fevereiro) – Colombo vai a Islândia (Thulé) e navega 100 léguas em torno da ilha.
1478 Colombo navega até a ilha da Madeira.
1479 Casa-se com Filipa Moniz Perestello, filha de Bartolomeu Perestello, grande navegador português e donatário da ilha de Porto Santo. A sogra põe à sua disposição todas as cartas náuticas deixadas pelo marido.
1480-81 O casal se transfere para Porto Santo, ilha próxima à Madeira que havia sido descoberta pelo sogro de

Colombo. Nasce seu primeiro filho, Diego, em Lisboa ou Porto Santo.

1482 Data provável da viagem de Colombo ao longo da costa ocidental da África.

1483 De volta a Portugal, Colombo inicia sua campanha para atingir a Ásia pela rota do Ocidente. Apresenta o projeto ao rei João II, de Portugal. Seu irmão, Bartolomeu, trabalha em Lisboa como cartógrafo, e Colombo tem a oportunidade de entrar em contato com os geógrafos e cartógrafos portugueses, os melhores do mundo na época. Morre sua esposa. Parte para a Espanha com o filho de apenas cinco anos.

1484 Bartolomeu vai à Inglaterra tentar convencer a corte inglesa da viabilidade do projeto de Cristóvão.

1486 Colombo circula entre Sevilha e Palos. Seu projeto é submetido ao Colégio Dominicano, em Salamanca, e a comissão é presidida pelo confessor da rainha. Depois de quatro anos de estudos, o projeto é rejeitado. Teólogos e representantes das mais afamadas Universidades citam Santo Agostinho e os doutores da Igreja para afirmarem que a Terra é plana.

1487 Mesmo com o veto ao projeto, Colombo recebe três mil maravedis da Coroa Espanhola. Casa com Beatriz de Arana, que será mãe de Fernando, seu futuro biógrafo.

1488 Colombo viaja para Portugal e é recebido várias vezes pelo rei Dom João II. Quando as negociações pareciam bem encaminhadas, retorna a Lisboa Bartolomeu Dias, após ter dobrado o Cabo das Tormentas, rebatizado de Cabo da Boa Esperança. Estava aberto o caminho para as Índias pela rota do Oriente. Colombo deixa Lisboa.

1492 Capitulação de Granada. Os mouros são finalmente expulsos da Espanha. Entusiasmada, a rainha dá sinal verde para a primeira expedição de Colombo, que parte de Palos no dia 3 de agosto e atinge as Bahamas em 12 de outubro.

1493 Em janeiro parte da ilha Espanhola para retornar à Espanha, onde chega em março. Recebido euforicamente, obtém a confirmação dos títulos de Vice-Rei e Governador das Terras Firmes e Ilhas Descobertas e por Descobrir. É o momento de maior glória de Colombo. Em agosto, torna a partir para as "Índias", onde chega em novembro, encontrando destruído o forte que construíra e mortos os colonos que lá deixara.

1496 Colombo retorna de sua segunda viagem, em julho.

1498 Em 30 de maio, parte para a terceira viagem. Chega à ilha de Trinidad em agosto.

1499 Os reis da Espanha enviam Francisco de Bobadilla para assumir o posto de governador de Espanhola. Por ordem dele, Colombo retorna acorrentado para a Espanha.

1500 Em novembro, Colombo desembarca acorrentado em Cádiz. Seis semanas depois, os reis mandam libertá-lo.

1501 Nicolas de Ovando é nomeado novo governador das "Índias".

1502 Colombo escreve ao Papa Alexandre IV pedindo a restauração de seus direitos. Em maio, parte de Cádiz iniciando sua quarta e última viagem à América, que durará dois anos.

1503 Américo Vespúcio lança seu *Mundus Novus,* defendendo a ideia de que as terras descobertas fazem parte de um novo continente.

1504 Colombo parte de Espanhola em agosto e chega à Espanha em novembro. Poucos dias depois, sua última aliada, a Rainha Isabel, morre. O desamparo de Colombo é total, sua aura de pioneiro já se dissolveu.

1506 Em 20 de maio, em Valladolid, pobre e esquecido, Cristóvão Colombo morre, recusando-se a aceitar a evidência de que descobrira um novo mundo nos trópicos.

Esta cronologia baseou-se na *Chronologie colombienne abrégée,* que aparece no livro *La Découverte de l'Amérique* (Paris*, Maspero,* 1981) e na biografia *Cristóvão Colombo,* fascículo 77 da coleção Grandes Personagens da História Universal (Abril Cultural, 1970).

Bibliografia

Em 1892, a Academia Real de História Espanhola publicou uma *Bibliografia Colombiana*. Os três grossos volumes da obra comprovam o número enorme de escritos diretamente relacionados com o descobridor da América. Aqui, apresentaremos apenas os livros mais importantes e mais acessíveis que tratam da vida e da obra de Cristóvão Colombo.

Uma edição bastante atualizada e fácil de encontrar é:

Cristóbal Colón: Textos y Documentos Completos, Madri, Alianza Universidad, 1982.

Outra edição dos textos completos de Colombo, mais rara porém antológica, é:

Colleccion de los viajes y descubrimientos, coordinada y illustrada por don Martin Fernandez de Navarrete, Madri, 1825 (5 vol.).

Dois estudos de contemporâneos de Colombo são citados como fontes indispensáveis para a compreensão de sua vida:

História de las Índias – Frei Bartolomé de Las Casas, México, Fondo de Cultura, 1951 (3 vol.).

Vida del Almirante don Cristóbal Colón, escrita por su hijo Fernando Colón, México, Fondo de Cultura, 1947.

O melhor estudo sobre Colombo, sem dúvida, é: *Christopher Columbus, Mariner* – Samuel Eliot Morison, Nova York, Litle, Brown & Co., 1959. Morison reconstruiu uma caravela igual à de Colombo e refez sua viagem, da Europa ao Caribe. Seu livro é fascinante.

Sobre as questões mais misteriosas que envolvem as viagens de Colombo existem muitas teses. As melhores são:

Le Vrai Christophe Colomb et la Légende, de Henry Vignaud, Paris Picard, 1921.

Le Secret de Christophe Colomb, de Charles Giafferi, Paris, Berger Levrault, *1937.*

Coleção L&PM POCKET (LANÇAMENTOS MAIS RECENTES)

1046. **O horror em Red Hook e outras histórias** – H. P. Lovecraft
1047. **Noite em claro** – Martha Medeiros
1048. **Poemas clássicos chineses** – Li Bai, Du Fu e Wang Wei
1049. **A terceira moça** – Agatha Christie
1050. **Um destino ignorado** – Agatha Christie
1051. (26). **Buda** – Sophie Royer
1052. **Guerra Fria** – Robert J. McMahon
1053. **Simons's Cat: as aventuras de um gato travesso e comilão – vol. 1** – Simon Tofield
1054. **Simons's Cat: as aventuras de um gato travesso e comilão – vol. 2** – Simon Tofield
1055. **Só as mulheres e as baratas sobreviverão** – Claudia Tajes
1056. **Maigret e o ministro** – Simenon
1057. **Pré-história** – Chris Gosden
1058. **Pintou sujeira!** – Mauricio de Sousa
1059. **Contos de Mamãe Gansa** – Charles Perrault
1060. **A interpretação dos sonhos: vol. 1** – Freud
1061. **A interpretação dos sonhos: vol. 2** – Freud
1062. **Frufru Rataplã Dolores** – Dalton Trevisan
1063. **As melhores histórias da mitologia egípcia** – Carmem Seganfredo e A.S. Franchini
1064. **Infância. Adolescência. Juventude** – Tolstói
1065. **As consolações da filosofia** – Alain de Botton
1066. **Diários de Jack Kerouac – 1947-1954**
1067. **Revolução Francesa – vol. 1** – Max Gallo
1068. **Revolução Francesa – vol. 2** – Max Gallo
1069. **O detetive Parker Pyne** – Agatha Christie
1070. **Memórias do esquecimento** – Flávio Tavares
1071. **Drogas** – Leslie Iversen
1072. **Manual de ecologia (vol.2)** – J. Lutzenberger
1073. **Como andar no labirinto** – Affonso Romano de Sant'Anna
1074. **A orquídea e o serial killer** – Juremir Machado da Silva
1075. **Amor nos tempos de fúria** – Lawrence Ferlinghetti
1076. **A aventura do pudim de Natal** – Agatha Christie
1077. **Maigret no Picratt's** – Simenon
1078. **Amores que matam** – Patricia Faur
1079. **Histórias de pescador** – Mauricio de Sousa
1080. **Pedaços de um caderno manchado de vinho** – Bukowski
1081. **A ferro e fogo: tempo de solidão (vol.1)** – Josué Guimarães
1082. **A ferro e fogo: tempo de guerra (vol.2)** – Josué Guimarães
1083. **Carta a meu juiz** – Simenon
1084. (17). **Desembarcando o Alzheimer** – Dr. Fernando Lucchese e Dra. Ana Hartmann
1085. **A maldição do espelho** – Agatha Christie
1086. **Uma breve história da filosofia** – Nigel Warburton
1087. **Uma confidência de Maigret** – Simenon
1088. **Heróis da História** – Will Durant
1089. **Concerto campestre** – L. A. de Assis Brasil
1090. **Morte nas nuvens** – Agatha Christie
1091. **Maigret no tribunal** – Simenon
1092. **Aventura em Bagdá** – Agatha Christie
1093. **O cavalo amarelo** – Agatha Christie
1094. **O método de interpretação dos sonhos** – Freud
1095. **Sonetos de amor e desamor** – Vários
1096. **120 tirinhas do Dilbert** – Scott Adams
1097. **124 fábulas de Esopo**
1098. **O curioso caso de Benjamin Button** – F. Scott Fitzgerald
1099. **Piadas para sempre: uma antologia para morrer de rir** – Visconde da Casa Verde
1100. **Hamlet (Mangá)** – Shakespeare
1101. **A arte da guerra (Mangá)** – Sun Tzu
1102. **Maigret na pensão** – Simenon
1103. **Meu amigo Maigret** – Simenon
1104. **As melhores histórias da Bíblia (vol.1)** – A. S. Franchini e Carmen Seganfredo
1105. **As melhores histórias da Bíblia (vol.2)** – A. S. Franchini e Carmen Seganfredo
1106. **Psicologia das massas e análise do eu** – Freud
1107. **Guerra Civil Espanhola** – Helen Graham
1108. **A autoestrada do sul e outras histórias** – Julio Cortázar
1109. **O mistério dos sete relógios** – Agatha Christie
1110. **Peanuts: Ninguém gosta de mim... (amor)** – Charles Schulz
1111. **Cadê o bolo?** – Mauricio de Sousa
1112. **O filósofo ignorante** – Voltaire
1113. **Totem e tabu** – Freud
1114. **Filosofia pré-socrática** – Catherine Osborne
1115. **Desejo de status** – Alain de Botton
1116. **Maigret e o informante** – Simenon
1117. **Peanuts: 120 tirinhas** – Charles Schulz
1118. **Passageiro para Frankfurt** – Agatha Christie
1119. **Maigret se irrita** – Simenon
1120. **Kill All Enemies** – Melvin Burgess
1121. **A morte da sra. McGinty** – Agatha Christie
1122. **Revolução Russa** – S. A. Smith
1123. **Até você, Capitu?** – Dalton Trevisan
1124. **O grande Gatsby (Mangá)** – F. S. Fitzgerald
1125. **Assim falou Zaratustra (Mangá)** – Nietzsche
1126. **Peanuts: É para isso que servem os amigos (amizade)** – Charles Schulz
1127. (27). **Nietzsche** – Dorian Astor
1128. **Bidu: Hora do banho** – Mauricio de Sousa
1129. **O melhor do Macanudo Taurino** – Santiago
1130. **Radicci 30 anos** – Iotti
1131. **Show de sabores** – J.A. Pinheiro Machado
1132. **O prazer das palavras** – vol. 3 – Cláudio Moreno
1133. **Morte na praia** – Agatha Christie
1134. **O fardo** – Agatha Christie
1135. **Manifesto do Partido Comunista (Mangá)** – Marx & Engels
1136. **A metamorfose (Mangá)** – Franz Kafka
1137. **Por que você não se casou... ainda** – Tracy McMillan
1138. **Textos autobiográficos** – Bukowski
1139. **A importância de ser prudente** – Oscar Wilde
1140. **Sobre a vontade na natureza** – Arthur Schopenhauer
1141. **Dilbert (8)** – Scott Adams
1142. **Entre dois amores** – Agatha Christie
1143. **Cipreste triste** – Agatha Christie

UMA SÉRIE COM MUITA HISTÓRIA PRA CONTAR

Alexandre, o Grande, *Pierre Briant* | **Budismo**, *Claude B. Levenson* | **Cabala**, *Roland Goetschel* | **Capitalismo**, *Claude Jessua* | **Cérebro**, *Michael O'Shea* | **China moderna**, *Rana Mitter* | **Cleópatra**, *Christian-Georges Schwentzel* | **A crise de 1929**, *Bernard Gazier* | **Cruzadas**, *Cécile Morrisson* | **Dinossauros**, *David Norman* | **Economia: 100 palavras-chave**, *Jean-Paul Betbèze* | **Egito Antigo**, *Sophie Desplancques* | **Escrita chinesa**, *Viviane Alleton* | **Evolução**, *Brian e Deborah Charlesworth* | **Existencialismo**, *Jacques Colette* | **Geração Beat**, *Claudio Willer* | **Guerra da Secessão**, *Farid Ameur* | **História da medicina**, *William Bynum* | **História da vida**, *Michael J. Benton* | **Império Romano**, *Patrick Le Roux* | **Impressionismo**, *Dominique Lobstein* | **Islã**, *Paul Balta* | **Jesus**, *Charles Perrot* | **John M. Keynes**, *Bernard Gazier* | **Jung**, *Anthony Stevens* | **Kant**, *Roger Scruton* | **Lincoln**, *Allen C. Guelzo* | **Maquiavel**, *Quentin Skinner* | **Marxismo**, *Henri Lefebvre* | **Memória**, *Jonathan K. Foster* | **Mitologia grega**, *Pierre Grimal* | **Nietzsche**, *Jean Granier* | **Paris: uma história**, *Yvan Combeau* | **Platão**, *Julia Annas* | **Primeira Guerra Mundial**, *Michael Howard* | **Relatividade**, *Russel Stannard* | **Revolução Francesa**, *Frédéric Bluche, Stéphane Rials e Jean Tulard* | **Rousseau**, *Robert Wokler* | **Santos Dumont**, *Alcy Cheuiche* | **Sigmund Freud**, *Edson Sousa e Paulo Endo* | **Sócrates**, *Christopher Taylor* | **Teoria quântica**, *John Polkinghorne* | **Tragédias gregas**, *Pascal Thiercy* | **Vinho**, *Jean-François Gautier*

L&PM POCKET ENCYCLOPÆDIA
Conhecimento na medida certa

lepmeditores
www.lpm.com.br
o site que conta tudo

IMPRESSÃO:

PALLOTTI
GRÁFICA

Santa Maria - RS | Fone: (55) 3220.4500
www.graficapallotti.com.br